Labios Rosados

y

Corazones Vacíos

Labios Rosados

y

Corazones Vacíos

Completamente Arreglada y Vacía en el Interior
El libro guía para la Mujer en busca del Corazón de Dios.

Heather Lindsey

Traducido por:

Amjhos Moreno

DEDICACIÓN

Este libro está dedicado a mi maravilloso Líder, Cornelius Lindsey. No me podría imaginar estar casada con un hombre más apto para ser el líder de nuestra familia. Gracias por tu busca incansable del Señor y por realmente amarme como Cristo ama a la Iglesia. He cambiado desde que te conocí y he visto como nuestro matrimonio me acerca más a los pies de Jesús. Soy una mejor mujer porque soy tu esposa, y estoy agradecida que me encontraste, me cortejaste, te negaste a besarme, pusiste límites conmigo, me propusiste matrimonio y luego me besaste por primera vez el día de nuestra boda. Considero que eso, impacto nuestra siguiente generación de hijos y empezó un legado. Te amo mi vida. Este libro está destinado a las mujeres; sin embargo, mi primer libro tenía que ser dedicado a ti. Te adoro mi vida y espero con mucha anticipación servirte y ayudarte todos los días de mi vida, mientras me convierto en la esposa de tus sueños.

Con amor,

Tu Rayo de Sol

CONTENIDO

RECONOCIMIENTOS

Primero que nada – Quiero agradecerle a mi Padre Celestial, Jesucristo. Esto es todo sobre ti y para ti. No puedo expresar en palabras cuanto aprecio nuestra hermosa relación. Gracias por morir por mí, salvarme y luego mostrarme que la vida en Ti es donde mi verdadera vida es encontrada. Espero con mucha anticipación despertar cada día y sentarme a tus pies, mientras te entrego todo mi corazón.

A mi Madre, Linda Canter: Mami; eres una mujer maravillosa y totalmente enviada por Dios. Me enseñaste a amar incondicionalmente y te quiero agradecer por todo lo que haces y por todo lo que eres. Yo sé que Dios me concedió estar en nuestra familia por una razón, y que te necesitaba a ti como mi Madre para poder cumplir con la voluntad que Dios tenía en mi vida. Te adoro. Lo mismo va para el resto de los integrantes de la familia Canter, ¡los amo a todos y cada uno de ustedes, a todos los 24 de ustedes! Estoy extremadamente agradecida de tenerlos a todos en mi vida y no los cambiaría por nada.

A mis mejores amigas: Las amo damas. Todas han estado siempre presentes y apoyándome en las temporadas buenas y malas de mi vida. Estoy agradecida de tenerlas a ustedes y nuestras preciosas amistades. Las palabras no pueden expresar cuanta gracia me embarga, al saber que tengo 4 personas tan cercanas a mí, en las que puedo verdaderamente confiar. Son una bendición para mí. Gracias.

A mi querida Hermana, Kimberly Jane Canter quien murió el 19-9-1998: Fuiste una de las primeras personas que me dijo que yo podía tener una relación con Jesús y pensé que estabas loca. Gracias por mostrarme el verdadero amor de Cristo, durante los 21 años que estuviste en esta tierra. Me impactaste de cierta manera, que me llenaste de motivación para compartir la palabra de Jesús y hacer, lo que ya no puedes hacer desde que te fuiste. Espero con ansias verte en el cielo y ponernos al día. Te extraño demasiado y siempre serás mi mejor amiga.

A mis damas de "Pinky Promise": de verdad las adoro a todas ustedes. Son todas tan preciadas para mí y estoy muy agradecida por esta hermandad. Gracias por sus corazones puros, y por permitir que Dios los transforme constantemente, hasta que estos respiren la esencia de Dios. Estoy muy contenta por los años venideros, mientras presenciamos como nuestra hermandad crece. Gracias por siempre apoyarme y motivarme. ¡Las amo a todas!

1
INTRODUCCIÓN

Un corazón vacío no tiene vida. Está oscuro, lleno de desesperación y soledad. El corazón está hecho para ser llenado de alegría, que proviene de la fe en nuestro Salvador Jesucristo. Puedes buscar en este mundo cosas que llenen tu corazón, pero siempre terminará vacío. Un hombre no lo llenará, un trabajo no lo llenará, el dinero no lo llenará, ropa de diseñadores y carteras no lo llenarán. Solo Dios llenará, cambiará y amoldará, tu corazón.

Señora, tu belleza no está definida por tus labios rosados. No está definida por tus curvas, la textura de tu cabello, o la ropa que utilizas. Tu belleza está por dentro. Eres, y siempre serás tan hermosa como lo sea tu corazón. La Biblia claramente indica como todas tus situaciones fluyen desde tu corazón. Si el corazón es perverso y malvado, entonces eres perversa y malvada. La ropa, la actitud, el cabello y si, los labios rosados tendrán el carácter que tu corazón posee.

Es mi oración que consigas esperanza y alegría en todo aquello que es puro, sagrado, lleno de propósito y verdadero. Es mi oración que te identifiques con los principios bíblicos escritos muy claramente en la Biblia, en lugar de las cualidades que vez en el mundo hoy. Es mi oración que entiendas y empieces a verte a ti misma, como una persona preciosa y honorable.

¡Mereces la espera!

¡Mereces el sacrificio!

¡Mereces ser atesorada!

¡Mereces ser amada!

No debes venderte al postor más alto. No tienes por qué abrir tu corazón al hombre que viene con palabras suaves y manos ansiosas. Eres un tesoro que vale la pena cuidar, un tesoro que vale la pena descubrir y un tesoro por el cual vale la pena pelear y trabajar.

Es mi oración que leas todas las palabras que mi esposa ha escrito en este libro, de su corazón al tuyo. He presenciado como ella se ha sentado y ha escrito cada palabra con mucho cuidado. Algunas veces, se alejaba de su escritorio para rezar y luego regresaba con una pasión renovada, para escribir este libro para ustedes. Sé que lo disfrutarán tanto como lo disfruté yo. Que Dios te proteja, mientras continuas sirviéndole todos los días de tu vida en esta tierra.

Cornelius Lindsey

Autor de "¿Así Que, Quieres Estar Casado?" y "Estoy Casado, ¿Ahora Qué?"

www.corneliuslindsey.com

2
MI TRAYECTO

El Señor Dios me dijo que escribiera este libro en el 2007; es el 2012 ahora y me he dado cuenta como tantos años han pasado ¡tan rápido!, ¿a dónde se fue el tiempo? Cuando Él me dijo que escribiera este libro para las mujeres – ayudándolas a ver su valor y su importancia – respondí con algo de duda. Pensé: "¿Cómo puedo escribir un libro sobre ese tópico?", en ese tiempo yo pensaba: "DIOS TE FALLÉ miserablemente, ¿cómo es que quieres que yo escriba un libro en el valor e importancia de la mujer, cuando yo he estado saltando de hombre a hombre y estoy soltera?". Yo salté de relación a relación, en búsqueda del hombre que llenaría esos deseos vacíos que yo tenía en mi corazón.

Cuando el Señor me dijo que empezara a escribir este libro, yo estaba en medio de otra relación con la cual quería llenar todos esos vacíos. Saltar de relación a relación es como nunca bañarte, pero continuar aplicándote perfume diariamente y esperar que esto te haga sentir limpia; es decir, durante todo ese tiempo yo era cristiana, rezaba en lenguas, oraba a Dios todos los días, servía en ministerios, era consejera de otros cristianos, pero igual tenía relaciones sexuales de vez en cuando y después sentía arrepentimiento. No digo que yo tenía la razón y estaba haciendo el bien, porque no era así, yo era un desastre y agradezco a Dios haberme quedado en la Iglesia, a pesar de haberlo hecho de manera hipócrita.

Cuando estás pasando por situaciones difíciles, no es el momento de alejarte de Dios, sino más bien de *acercarte* a Él. Yo sabía que Él era el único que me podía sanar y llenar todos mis vacíos. Sabía que sin Él, estaría muy sola y confundida, aún más de lo que ya lo estaba. Así que seguía yendo a la Iglesia, seguía escuchando sermones, seguía pasando tiempo con Dios y le permitía que me comprometiera, convenciera y motivara al camino de la santidad y el bien. Dios sabía que eventualmente yo cambiaría. ¿Acaso yo hubiese tenido una mejor vida de "soltera" si hubiese sido más obediente a Cristo? ¡Por supuesto que sí! Sin embargo, he aprendido tanto y sé que Dios dice: *"Ahora bien, sabemos que Dios dispone todas las cosas para el bien de quienes lo aman, los que han sido llamados de acuerdo con su propósito"* Romanos 8:28. Luego de varios años con parejas casuales (una pareja con la cual te relacionas, a pesar de saber que nunca te casarás con él, sin embargo lo tienes contigo porque estás sola o aburrida), finalmente decidí ser soltera "de una manera que honraba a Dios"; y un año después, conocí a mi esposo. Aprendí la diferencia entre llenar vacíos, y dejar que Dios llene todos mis vacíos. ¿Acaso eso significa que deberías ir y vivir una vida descontrolada, tener relaciones sexuales, mentir, ser infiel y de manera intencional desobedecer a Cristo porque a "Heather" le fue bien?, déjenme ser bien clara, Heather no es perfecta pero Cristo si lo es; nuestro ejemplo debe provenir de Él, no de ningún humano. Si te vas a comparar con alguien, compárate con Jesús.

Yo verdaderamente estoy disfrutando los beneficios de una relación íntima y cercana con Cristo, no lo cambiaría por ninguna de las relaciones casuales que tuve mientras estaba soltera. Esas relaciones con las cuales quería llenar mis vacíos, me apartaban lejos y más lejos de Cristo. Si estás leyendo estas palabras, es una advertencia para que cambies, es tiempo que te acerques más a Cristo, corta todas aquellas distracciones y ensériate en tu caminata con Él. Escucha las palabras de mi corazón, mientras Dios utiliza este libro como un vehículo para retarte a tener una relación más PROFUNDA con él.

Nací el 18 de Septiembre de 1982 en Dearborn, Michigan. Mi madre biológica me dio en adopción directamente desde el momento de nacer, así que desde ahí, empecé a sentir el rechazo. Yo no culpo a mi madre biológica, porque creo firmemente que Dios estaba guiando mis pasos incluso en la decisión que ella tomó. Dos meses después me adoptó una mamá y papá caucásicos llamados Linda y William Canter. Ellos son maravillosos y fueron completamente bondadosos, por haber adquirido la responsabilidad tan grande de cuidar, a niños que fueron rechazados por la sociedad.

En su totalidad, mis padres adoptaron trece niñas, nueve niños y tuvieron un hijo biológico. La mayoría de los miembros de mi familia luchaban con algún tipo de desorden o discapacidad, yo diría que alrededor de cincuenta por ciento de mis hermanos tenían algún tipo de discapacidad; desde Fibrosis Cística a Síndrome de Down y Parálisis Cerebral, o simplemente viviendo con una discapacidad física en general.

Mis padres adoptivos pensaban que yo tenía Parálisis Cerebral porque lloraba mucho y era muy tiesa. Una familia Bi-racial vino primero a verme y quería adoptarme, pero decidieron llevarse a un niño con alergias severas, en vez de adoptarme a mí. La Casa hogar donde yo estaba llamó a mis padres y les advirtió que yo tal vez tendría Parálisis Cerebral, y mi mamá dijo: "!No me importa, la quiero a ella, ella es mía yo la adopto!" Ese acto de bondad me impactó mucho porque me hizo pensar en Cristo. Vamos a Dios y le decimos: "pero Dios, no soy perfecta, tengo tantos problemas y tantas fallas Señor" y Él nos dice: "Te quiero a TI, te escojo a TI, te amo a TI. Ya me encargué de todo y ahora te estoy adoptando a TI en mi familia. Recibe la salvación a través de mi".

Después de varios estudios y exámenes que me hicieron, mi madre se dio cuenta que no tenía Parálisis Cerebral, estaba tan tiesa porque ¡tenía mucha hambre! A la mujer encargada de la casa hogar donde yo estaba antes que mis padres me adoptaran, no le gustaba tener niños gordos, así que ella nada más me daba tres teteros de leche al día; uno para el desayuno, uno para el almuerzo y otro para la cena. En realidad yo no tenía ninguna discapacidad, ¡solo hambre!

A pesar de que esta situación no fue la más perfecta en la cual pude haber nacido y crecido, le agradezco tanto a mi mamá biológica, el haberme dado la oportunidad de vivir y darme en adopción, porque fácilmente me pudo haber abortado y seguir su camino. Ella me dio la oportunidad de hacer lo que Dios me ha llamado a hacer en mi vida y un día, planeo agradecerle por eso.

Aun cuando estoy agradecida que ella haya escogido la adopción en vez del aborto, de igual forma viví el rechazo, el abandono y el sentimiento de inferioridad, a causa de mi adopción. El rechazo al que me refiero, fue el rechazo que sentí en el vientre de mi madre biológica, cuando ella estaba embarazada. De acuerdo a The Mayo Clinic "El Desarrollo Emocional es muy importante en la salud general del bebé. El bebé puede sentir estas emociones. Él está conectado inextricablemente a la madre, y todo lo que la madre siente, el bebé lo siente también". Como un bebé en el vientre de mi mamá biológica, sentí el rechazo de su parte, sabiendo que me iba a dar en adopción.

Después que ella me dio a luz, fui puesta en adopción en ese mismo momento. Imagino que darme en adopción, fue una de las cosas más difíciles que mi madre pudo haber hecho, así que no la culpo a ella o a nadie por el rechazo, o por ser puesta en adopción, ¿Acaso estas bromeando? ¡Estoy feliz por el simple hecho de estar viva! Mi madre biológica me escribió una carta, y esto es lo que la carta dice (Ella me llamó Nicole hasta que mis padres me adoptaron dos meses después)

Queridísima Nicole,

Tú eres una niñita tan hermosa. Nunca pensé poder quedar embarazada y cuando me enteré que lo estaba, la opción de abortarte no fue ni siquiera considerada. No puedo cuidar de ti, pero un día, vas a ser adoptada por una familia que podrá darte el amor y el apoyo, que yo no te pude proveer. Quiero que sepas que tienes mucho valor e importancia. No te atrevas a dejar que nadie te diga algo diferente.

Con Amor,

(No escribió su nombre)

3
HACIENDO DE TÚ PARTE

Me he dado cuenta que tengo una opción en la vida. Puedo sentarme con una pena en mi corazón, y estar amargada por el hecho que fui dada en adopción; o puedo aceptar lo que Dios me ha encomendado hacer y entender que mis días fueron establecidos antes que yo existiera. Ser adoptada fue ¡parte del plan! Me guste o no, fue parte de mi historia. Tú también tienes una historia. No te sientes a lamentarte por tu historia y por lo que te faltó cuando estabas creciendo. Tal vez no tuviste una madre o un padre presente, pero Dios es muy claro cuando dice: *"Aunque mi padre y mi madre me* **abandonaren**, *el Señor me recibirá en sus brazos" Salmos 27:10.*

No percibas que tener la ausencia de uno de tus padres es algo negativo; deja que Dios te fortalezca a través de esta experiencia. He aprendido que cuando pasamos por situaciones difíciles y dependemos completamente de Dios, nos acercamos mucho más a Él. Cuando no estás cómoda, aprendes a encontrar comodidad, en la fortaleza de Dios. Hay dos lados en esta realidad: puedes resistirte a Dios y a todas las demás personas por las experiencias que viviste, o puedes dejar que Dios te sane y te haga sentir plena y completa.

No sé tú, pero quiero que Dios me utilice. No solo una o dos veces al año, sino que me utilice cada segundo, de cada minuto, de cada día. Quiero respirarlo, quiero verme como Él, sonar como Él, quiero ser como Él. Tengo muchas ansias de Dios diariamente; Él es todo lo que tengo. No tengo tiempo para enfocarme en mi pasado y pensar en lo que me faltó, cuando hay tanta gente en el mundo que no conoce a Cristo. Hay mucho en este mundo en lo cual nos debemos enfocar, como para estar enfocados en nuestro pasado.

Satanás ha **intentado derribarme y hacerme caer una y otra vez**, enviándome distracciones en cada estación de mi vida. He tomado cada ladrillo que él me ha lanzado y con ellos he construido esta hermosa casa en mi corazón, con Cristo como base. No construí esta casa sola, el Espíritu Santo me ayudó a diseñar esta hermosa casa y cada cuarto está hecho a su parecer y gusto. Él pasea por cada cuarto en mi corazón y los comienza a limpiar, asegurándose que mi corazón refleje la naturaleza de Jesucristo mismo. Así que dime, ¿Qué estás haciendo con todos esos ladrillos que están siendo lanzados en tu dirección?

Estoy tan agradecida de la acción del Espíritu Santo; es un ayudante tan maravilloso, así que no niegues su liderazgo. Él te mostrará cuando te estás equivocando y cuando careces de Dios. Él te advertirá y te dirá que TE DETENGAS, que "No hagas eso – ve en la dirección opuesta, haz esto por lo contrario". Escúchalo y deja de cuestionarlo. ¿Acaso no es interesante que solo cuestionemos a Dios, cuando *no lo entendemos*? Tal vez tienes una amistad que no es saludable, a la cual te has estado aferrando por un tiempo, y Dios te empieza a mostrar que es tiempo que te alejes de esa persona. Tal vez luchas con tomar esta decisión, porque no entiendes ese "presentimiento" que tienes en tu corazón, que te dice que esta relación ya no es buena. Debemos recordar que el tiempo que compartimos con Dios es por una razón, Él está intentando guiar tu vida y si no pasas tiempo con Dios regularmente, no puedes esperar escuchar su voz. Tal vez no siempre comprendas que es lo que Dios está intentando hacer en tu corazón, pero Dios ha pre-planeado y pre-destinado tu vida, para hacer algo maravilloso con ella.

Tal vez dirás: "¿Qué pasa si solo soy una cajera en una tienda? Me siento como si no tuviera propósito alguno". Esto es lo que tienes que hacer: toma toda tu actividad diaria; tu caminar, tu hablar, tu respirar, y se obediente a Cristo; de esta manera cuando vayas al trabajo, otros notarán la diferencia en ti, y verás como los otros empleados comenzarán a buscarte para tomar tus consejos. Tu diferencia se convertirá tan notable, que los mismos clientes manejarán 10 millas extras para ir a tu tienda, porque ellos quieren que tú seas quien los atienda. Estarás llena de gracia, serás paciente, tendrás mucho conocimiento, felicidad y calidez.

Me encanta estudiar la historia de José en la Biblia. Él sabía que sería el Rey un día, pero había sufrido tanta pena y dolor antes de ver los planes que Dios tenia para él. ¿Sabías que donde Dios colocaba a José, el prosperaba? (*Génesis 39:2*). Si no has leído sobre la vida de José, te motivo a que leas sobre él, sin embargo te daré un breve resumen.

José fue el Onceavo hijo de Jacobo (puedes leer esta historia en el libro de *Génesis, capítulos 37-50*). Sus hermanos lo odiaban porque su padre tenía mucho favoritismo por él; y porque él compartía visiones proféticas, donde él se veía reinando a su familia un día. Así que, a raíz del celo y amargura que esto causó, sus hermanos decidieron planear su muerte. El hermano mayor llamado Rubén, le dice a todos los otros hermanos que no deberían matarlo, antes bien, lo vendieran como esclavo y luego engañarían a su padre Jacobo, haciéndolo creer que su hijo favorito, había sido asesinado por bestias salvajes (*Génesis 37: 18-35*).

Los otros hermanos accedieron a la propuesta de Rubén, siendo así José vendido a un egipcio de alto nivel, llamado Potifar. Eventualmente, José se convirtió en el supervisor del hogar de este egipcio, sobrepasó las expectativas en todas sus tareas y se convirtió en el sirviente más confiado de Potifar. Dios protegía muy favorablemente a José y el prosperaba en todo aquello que hacía.

Tiempo después, lanzaron a José a la cárcel de manera injusta. Sin embargo, con la habilidad y gracias de Dios, José pudo interpretar los sueños del Rey cuando el preguntó sobre estos sueños. Por su sabiduría, José fue recompensado y convertido en el Gobernante de Egipto, segundo en mando al Rey (*Génesis 41:38-19*).

Gracias a que Dios le dio a José esta sabiduría, él pudo predecir que vendrían siete años de cosecha y abundancia, seguidos por siete años de hambruna severa en Egipto. Esto le dio tiempo necesario de prepararse y tener suficiente para alimentar a la multitud de personas que tenía bajo su responsabilidad.

¡Qué maravillosa es la historia de José!, él tuvo muchas oportunidades de darle la espalda a Dios e ignorarlo; en vez de eso, él confió que Dios se aseguraría que todo lo que estaba haciendo seria para su bien.

Mi pregunta para ti es: ¿Confías **verdaderamente** que Dios se asegurará que todo funcione para tu bien, especialmente en esos momentos en que te han acusado de algo injustamente, o incluso cuando lo pierdes todo? ¿Confías en Dios o confías en ti mismo y en tu habilidad? ¿Te das por vencido en Dios cuando el trayecto se hace más complicado? ¿Dónde está tu corazón?; estoy escribiendo este libro para ti, porque Dios quiere tu corazón. Tú escogiste este libro porque Dios te quiere utilizar y tiene grandes planes para tu vida; aun cuando en algún momento de tu existencia, tu vida te ha dado a entender lo contrario. Asegúrate de ignorar todos esos pensamientos tontos; elimínalos y cerciórate que todos ellos OBEDEZCAN a Cristo, una y otra vez. El libro 2 Corintios 10:5 dice: *"Destruimos argumentos y toda altivez que se levanta contra el conocimiento de Dios, y llevamos cautivo todo pensamiento, para que se someta a Cristo"*

¿Qué quiere decir esto?, eso significa que tú debes tomar todo pensamiento negativo y hacer que se doblegue ante Cristo. Ni se te ocurra entretenerte en estos pensamientos; sin embargo, antes de enfrentarte a esos pensamientos, tienes que asegurarte que estás protegiendo y cuidando tu corazón. *Proverbios 4:23 dice "Por sobre todas las cosas cuida tu corazón, porque de él mana la vida"* **Tú tienes una parte que cumplir**, así que ¡ten cuidado con lo que estás dejando que tus ojos vean! No puedes permitirte seguir viendo programas basura en la televisión. Tal vez creas que esto no te va a afectar, pero esto es lo que pasa: comienzas a ver un show y luego te llama la atención, empiezas a sentir que tu vida se relaciona con el show, creas una opinión acerca de él, tus emociones se conectan con esa opinión y la semilla es plantada en tu cabeza. Luego, lo ignoras mientras continuas con tu rutina diaria, pero esa cosecha vendrá de una forma u otra algún día.

Por ejemplo, tal vez has visto un show que se llama "I (Almost) Got Away With It". Muestra como un fugitivo casi sale libre de culpa, al cometer un asesinato o un crimen. Tal vez al observarlo, te de algún sentimiento de rabia o salgas afuera y al ver al vecino, te preguntarás si él ha cometido algún crimen; o tal vez incluso puedes notar que tienes ansiedad, si la localización de ese crimen que viste en el show está cerca del estado donde vives, o si está cerca del estado donde uno de tus seres queridos vive. ¿Acaso no es curioso, como tu memoria junta esas dos posibilidades? Es algo que parece tan inofensivo.

Otro ejemplo es un show popular en la televisión Norte Americana llamado "Real Housewives". Al ver este programa, el descontento puede entrar en tu corazón o tal vez puedes pensar que está bien dormir con cualquier hombre; incluso buscarlo y utilizarlo por su dinero; es decir, ellas tienen su propio show de televisión y funcionó para ellas, ¿porque no puede funcionar para ti? ¿Ves que tan engañoso puede ser un simple show? Puede plantar una semilla en tu corazón, bien sea una buena o una mala. Asegúrate que si vas a ver televisión, esta te de VIDA y no muerte.

Cuidar y proteger tu corazón incluye muchas otras cosas que no son solo lo que ves por televisión. ¿Con quién estas compartiendo tu tiempo? ¿Qué música estas escuchando? Si sigues pasando tiempo con la esposa que se queja de su esposo y le es infiel con todo aquello que se mueve, tal vez puedas terminar igual a ella. Si pasas tu tiempo con la chica que habla mal de todo el mundo y es infeliz, ¿adivina qué? Te vas a empezar a parecer a ella. No necesariamente estoy diciendo que cortes a esa persona de tu vida, pero si no eres lo suficientemente fuerte como para hacerte escuchar, deberías alejarte de ellas por un tiempo y en algún punto, cuando seas lo suficientemente fuerte, invítalas a tu entorno; como una iglesia o una reunión en tu casa.

A mí siempre me ha gustado ver las relaciones desde esta perspectiva: es más fácil empujarte fuera de la silla, a levantarte y colocarte sobre la silla. Si tus relaciones te están "empujando fuera de la silla", es tiempo que reconsideres y mires a las personas con las que te has rodeado. *"No se dejen engañar, las malas compañías corrompen las buenas costumbres"* 1 Corintios 15:33. Dios ha agregado esa sagrada escritura en la Biblia para mostrarte que tú no estás teniendo pensamientos tontos – y que *tú debes proteger tu corazón de cualquier relación que no sea sana.*

Antes, yo me asociaba con un grupo de chicas a las cuales les importaba mucho su apariencia, lo que usaban y lo que la gente pensaba de ellas. A ellas les encantaba utilizar cierto tipo de carteras de diseñadores y manejaban los autos más bonitos. Subconscientemente, empecé a hacer lo mismo que ellas. Compré muchas carteras Louis Vuitton y Gucci, porque mi valor estaba enfocado en las cosas que yo utilizaba y lo que vestía. Llegó un punto en el que Dios me sentó un día y empezó a mostrarme todos mis verdaderos deseos, mi corazón y como todo esto se relacionaba con Él. Me dijo: *"tú de verdad no me quieres a mí, tu solo quieres aquello que yo te puedo dar. Tú quieres las carteras y cosas lindas, luego buscas la Sagrada Escritura, para que esta justifique tu lujuria".* Yo era una cristiana verbal, pero mi corazón estaba muy lejos de Cristo. **Así que me deshice de todas mis carteras**, lo hice porque quería que mi corazón estuviera bien primero ante Dios. Quería que la gente viera lo que estaba dentro de mí – El Espíritu Santo vivo que ilumina todo lugar donde Él va – y cuando la gente se acercara a mí, quería que "algo" fuese distinto a cualquier cosa que yo llevara puesto o que utilizara.

Dejé de pasar mis ratos libres con esas chicas y por un tiempo, alrededor de cuatro años, *me negué a utilizar cualquier tipo de ropa de marca de diseñadores.* Me negué a tener conmigo una cartera de diseñador hasta estar 100% segura que mi valor venia de Cristo, quien murió en la cruz por mí; **sin esa revelación, ¡todo lo demás no tenía importancia!** Había escuchado tantas veces que mi valor provenía de Él, pero mi corazón no creía en eso todavía, yo sabía que no lo creía; de haberlo hecho, no hubiese habido ninguna duda y no me hubiese importado ningún artículo material. Mientras mi boca decía que amaba a Dios más que a nada, mis acciones decían lo contrario.

Durante ese tiempo, me fui de Michigan mientras atendía la Universidad Estadal de Michigan para mudarme a Washington DC, y hacer mis pasantías ahí. Había salido en ese entonces de una relación muy mala y al finalizar mi noviazgo, me acerqué más a Cristo. Miro atrás, y a pesar que esa relación fue un tren descarrilado, me trajo a Cristo. No te estoy diciendo que corras y te involucres en una relación que no es sana, porque yo resulté estar bien al final de todo. Te reto a evitar esas relaciones malas y desarrollar un corazón orientado a Cristo. No puedes permitirte perder dos o tres años de tu vida, viviendo fuera de la voluntad que Dios tiene para tu vida. He estado en muchas relaciones que fueron física y mentalmente abusivas, y a pesar que le di todo mi corazón a Cristo, *constantemente estoy renovando mi mente de toda la basura que he traído conmigo durante los años a causa de esas relaciones que no fueron sanas.* A pesar que trates de poner esta basura debajo de la cama y le des todo esto a Cristo; quien es el único que nos completa, en ocasiones tener malas relaciones y pensar de manera negativa, se convierte en un mal hábito. Tristemente, a veces traemos esos malos hábitos a nuestro matrimonio y a otras relaciones.

Mientras estaba en Washington DC, tenía noches de cita con Jesús. Siempre aliento a todas las mujeres a casarse con Cristo (*Isaías 54:5*). Así que esa noche de cita cociné, hice postre y estaba acostada hablando con Dios. Le pregunte, ¿cuál es mi propósito de vida?, ¿porque estoy yo en la tierra? (ten en cuenta que le había hecho esta pregunta millones de veces y qué bueno que esta vez, Dios me respondió) El Señor me dijo de una manera muy dulce: "Heather, te he llamado para que prediques la Palabra Santa. Millones de personas conocerán quien soy yo a través del Ministerio tuyo y de tu esposo. Debes confiar en mí en este trayecto que estás tomando. Continuarás tomando empleos que te desarrollarán en el Fruto del Espíritu, pero no trabajarás en estos lugares para siempre – te enseñaré algo diferente en cada uno de estos lugares y para la edad de veintinueve años, trabajarás tiempo completo en el Ministerio".

¡WOW! ¡Estaba tan emocionada! Salté de emoción y le comenté a mi compañera de cuarto; que no había sido Salvada todavía, y ella me criticó. Me dijo que estábamos en Washington DC para hacer una pasantía en una compañía de televisión famosa (Black Entertainment Television BET), ¿por qué interesarme en predicar la palabra de Dios?

Salí del cuarto de mi compañera, y me sentí muy triste. Rápidamente el Señor me corrigió diciéndome: "No todos entenderán lo que te he encomendado hacer Heather, y es por eso que te he llamado a ti a hacerlo y no a ellos". Agradezco tanto que Dios me haya aclarado esa conversación.

Me mudé a Nueva York unos días después de haberme graduado y de haber finalizado mis pasantías. Terminé otra relación casual en la que me había involucrado, y al irme a Nueva York me fui sin amigos, pero con una llama en mi corazón que me estaba haciendo sentir, que *Dios era el que estaba guiando mis pasos*. Sabía que Dios me dijo que me mudara a esa ciudad, solamente lo sabía.

Continué teniendo relaciones casuales de vez en cuando pero a su vez, me acercaba más y más a Cristo. Lo maravilloso de todo esto, es que en el medio de todas estas relaciones casuales, sentía que Dios me estaba guiando. Yo creía firmemente que era una Mujer en busca del Corazón de Dios, porque en realidad quería vivir para Él, solo que no sabía cómo hacerlo.

Continué pasando tiempo con Dios diariamente, pero también permanecí desobedeciéndole, al gastar mayor parte de mis ahorros cuando llegue a Nueva York. Tenía un contrato con una disquera, así que empecé una pasantía lo cual fue maravilloso, el problema era que no me pagaban dinero. Dios me había dicho específicamente que no buscara trabajo, pero yo notaba que yo escogía en que lo iba a obedecer y en que no. Verás, no estaba completamente convencida que debía obedecer a Cristo totalmente, pero iba en camino a ese fin.

Empecé a trabajar más de 40 horas a la semana en mis pasantías y estaba agradecida, porque ahí me compraban el desayuno y el almuerzo. A pesar de no tener dinero, tenía comida. Encontré estos zapatos lindos que me costaron veinte dólares y los utilizaba todos los días al trabajo. Odiaba los días lluviosos porque la base de mi zapato tenía un agujero y cuando llovía, corría al baño luego de llegar al trabajo a lavar mis pies, porque estaban sucios después de caminar bajo la lluvia.

No salía de compras, sino que me las arreglaba con la ropa que ya tenía en mi closet. Las demás personas no tenían idea que yo no tenía mucho conmigo, porque siempre me aseguraba de verme presentable y mi manera de pensar no indicaba lo poco que tenía. Sabía que lo que utilizaba no era lo que más importaba; pero tenía que asegurarme de poder agarrar peces antes de limpiarlos. Me arreglaba mi propio pelo, cambiaba mis atuendos y los combinaba, agregándole diferentes accesorios y haciéndolos ver totalmente nuevos para ir al trabajo. No estaba triste, porque toda mi alegría provenía de Cristo. Sabía que solo Él era mi proveedor, toda mi esperanza y fe estaba en Él y en nadie más. De verdad, aprendí a depender de Dios durante esa temporada de mi vida. Algunas veces era tan difícil, porque trabajaba con jefes que utilizaban servicio de choferes todos los días, y gastaban dinero en todo lo que sus ojos vieran. Durante esa temporada de mi vida, despertaba todos los días y pasaba mucho tiempo con Dios antes de ir al trabajo, porque en medio de no tener nada, estaba siendo tentada con los hombres que estaban en la industria de la música – ambos solteros y casados.

Con regularidad, decían que me parecía a una chica que podía estar en videos de música o incluso una cantante, y me decían: "¿sabes?, ignore una llamada de mi esposa mientras hablaba contigo". Mi respuesta era: "bueno, deberías devolverle la llamada, porque yo en esto no me voy a involucrar"; mientras me alejaba.

La gente de la disquera me hablaba de manera horrible porque veían que yo llamaba la atención de todas estas personas de "alto perfil", entre tanto siempre pensaba: "¿acaso están todos locos? No estoy interesada en ninguno de ellos, solo estoy interesada en la salvación de sus almas – ¡dejen de tener ideas locas!". Mientras ellos continuaban hablando mal de mí, yo le preguntaba a Dios: "Señor, ¿tú quieres que yo me quede en este lugar?, solo quiero compartir con el mundo quien eres tú, no me importa la música, ni toda esta gente que pretende ser famosa. Tú eres el único Dios que yo tengo". No intente defenderme o probarle a la gente quien era yo, *sabía que ellos nunca me escucharían.* Aprendí en esa temporada de mi vida, que Dios pelea mis batallas para que yo no tenga que hacerlo sola. La única persona que creía en mí, era una de mis jefas – ¡ella era maravillosa! Recuerdo que le dijo a alguien: "solo porque ella es linda, no significa que se acuesta con todos". Estaba tan agradecida de saber que me apoyaba, porque yo nunca me relacioné con ninguno de esos chicos. No me interesaba ni siquiera tocarlos con una vara de 10 metros de largo.

Como tres meses después, cuando casi me desalojaron de mi apartamento en Nueva York, me senté en mi pequeño cuarto a llorar e implorarle a Dios. Le dije que necesitaba que Él hiciera algo, y de no hacerlo, yo iba a renunciar a toda esta cuestión de la Cristiandad. Sé que fue lo más incorrecto de hacer, pero incluso en mi ignorancia e inmadurez de bebé en Cristo, Él igual estaba a mi lado. Apenas tenía suficiente dinero para papel higiénico; me iban a desalojar de mi apartamento, no tenía trabajo, solo una pasantía sin paga y me veía como la muchacha loca en los ojos de mi compañera de cuarto que me decía: "¿acaso estás loca?, ¿estas esperando que Dios pague tu renta?". Era tan dependiente de Él. Necesitaba que Dios se mostrara en ese momento, lo necesitaba.

Fui a dormir llorando y dándole todo mi corazón a Dios. La Santa Escritura en *Lamentaciones 3:22* dice: "*El gran amor del Señor nunca se acaba, y su compasión jamás se agota. Cada mañana se renuevan sus bondades; ¡muy grande es su fidelidad!*" El Señor sabía que yo necesitaba su gracia y piedad la siguiente mañana. Recuerdo haberme postrado frente al Señor diciéndole: "No voy a hacer esto más, si no te manifiestas Dios; me vas a tener aquí pareciendo una chica loca". Esta prueba finalmente tuvo fin. Dos cosas maravillosas pasaron el siguiente día:

El Señor colocó en el corazón de mi jefa (la mujer que siempre me había apoyado), que me contratara como empleada de tiempo medio (hey, es mejor que nada), y me dio un sobre lleno de dinero, diciéndome que como no era una empleada tiempo completo, no calificaba para un bono, pero que ella me quería agradecer por mi arduo trabajo. La razón por la cual la compañía me dio una posición de medio tiempo, fue porque no tenían una apertura de tiempo completo para mí. ¡Yo estaba sorprendida! Empecé a llorar en su oficina y compartí con ella que casi me desalojaban de mi apartamento; a lo que ella dijo: "Ni siquiera sabes cuánto dinero hay en el sobre, pero si no es suficiente ¡te daré más!" – Le dije que no importaba cuanto había en el sobre; que Dios *respondió mi oración* y lo hizo a través de ella ¡Sabía que sería suficiente!

Luego, mi mejor amiga Delan me llamo y me dijo que el Señor le había dicho que pagara mi renta hasta que estuviera al día. Después de solo un día, todo cambio. Estaba tan agradecida y tan feliz; necesitaba que esas puertas fuesen abiertas. Mientras todo esto estaba pasando, yo estaba saliendo con un chico que jugaba para la NBA, quien ofreció pagar mi renta en su totalidad y darme un apartamento nuevo. El Señor no solo me dijo que no aceptara su oferta, *sino que también terminara la relación con él.* Eso lo obedecí, y después me enteré que ese chico tenía una novia. Es maravilloso como Dios conoce todo y lo comparte con sus hijas para ayudarlas. Déjenme ser clara, él era alguien a quien yo utilizaba para llenar mis vacíos. Terminar con una relación en la que sabias desde el principio que no convenía estar, hace que tomar esta decisión sea más fácil.

El libro *1 Corintios 10:13* dice: *"Ustedes no han sufrido una tentación que no sea común al género humano. Pero Dios es fiel, y no permitirá que ustedes sean tentados más allá de lo que puedan aguantar. Más bien, cuando llegue la tentación, Él les dará también una salida a fin de que puedan resistir".* Estaba tentada a tomar la salida fácil y confiar en humanos, por lo que Dios me dio lo que necesitaba, en una manera que no pensaba posible. Él sabía cuánto yo podía aguantar. Sentí que fue el momento que cambio mi vida, y como una bebé en Cristo, Él sabía que mi clamor a Él, diciéndole que me iba a rendir, era lo que los bebés hacen cuando están tristes o son infelices.

Después de varios meses, fui contratada tiempo completo en la disquera y continúe trabajando en el Departamento de Marketing. Sin embargo, la mujer que inicialmente me contrató, dejo la compañía y ahora tenía una nueva jefa. La nueva jefa era muy distinta a la anterior, y el trabajo se convirtió en uno más intenso y emocionalmente agotador. Trabajar para ella, en ocasiones era muy difícil. Ella era muy injusta conmigo; yo trabajaba más de 80 horas a la semana. Estaba emocional y físicamente agotada, pero aprendí a confiar en Dios en un nivel completamente distinto. Cuando Dios nos coloca en situaciones difíciles, eso no siempre significa que debemos correr lejos de esta situación, sino más bien correr en dirección a Dios, y ver qué es lo que Él quiere que logremos al estar en ese lugar.

Mientras todo esto pasaba, me di cuenta que había mucho uso de palabras vulgares en la oficina, y ten en cuenta que a ese punto, yo estaba completamente obsesionada con Jesús y quería cuidar mi corazón. Así que coloqué en la oficina una jarra donde todos depositarían dinero cuando dijeran vulgaridades, la llamé mi "Jarra de Vulgaridades". En ella había escrito "Hola, soy una Jarra de vulgaridades – y *Efesios 4:29* dice:

"Eviten toda conversación obscena. Por el contrario, que sus palabras contribuyan a la necesaria edificación y sean de bendición para quienes escuchan" si decides decir vulgaridades alrededor de mí, se te cobrará $0.25; todos los fondos serán destinados para la construcción de una iglesia local". Aunque no lo creas, la gente de verdad le prestó atención a mi jarra y colocaban dinero en ella. En algunas ocasiones, algunas personas venían a mí diciendo vulgaridades y dándome un billete de $100, diciéndome que ese sería un "crédito" por todas las palabrotas que iban a decir. Llegó un punto en que hizo que todos pararan y pensaran en las palabras que iban a utilizar para expresar su punto de vista.

Yo tenía mi Biblia sobre mi escritorio y todos los días escuchaba música Cristiana. La gente se preguntaba porque yo trabajaba ahí, pero yo sabía que mi rol era compartir a Cristo con otros y rezar sin parar por todos a diario. Me convertí en la "consejera" de mi lugar de trabajo. Todos venían a mi escritorio y me decían todos sus problemas y situaciones, desde los empleados hasta los artistas. Yo me despertaba y me iba a dormir pasando tiempo con Dios. Estaba tan agotada después de salir del trabajo todos los días. Le rogué a Dios que me dejara salir de ese trabajo, ya que después de haber estado casi dos años ahí, podía sentir como la gracia de Dios estaba desapareciendo de ese lugar. Finalmente, Él me permitió dejar la compañía y mis compañeros de trabajo me hicieron una fiesta de despedida; ¡Yo estaba tan feliz!

También estaba muy feliz que ya no tenía que trabajar con mi jefa y su personalidad denigrante; de igual forma, rezaba sin parar por ella y siempre le respondía de manera amable y amorosa cuando trabajábamos juntas. Yo quería pasar la prueba; quería mostrarle a ella quien era Cristo.

Después de seis meses de haber dejado la compañía, mi antigua jefa me llamó y me dijo que le dio su vida a Cristo. Me dijo que Dios utilizo mi ejemplo, para decirle que ella estaba en camino al infierno si se quedaba en el negocio de la música. Al escuchar eso me sentí tan feliz; todo lo que pasó en esa oficina era para acercarla a Cristo, y Dios me utilizó a mí como su luz. ¡Gracias a Dios! Fue un camino muy arduo, pero me da mucha felicidad saber que hubo gloria y salvación en ese trayecto.

Luego de haber terminado ese trabajo, decidí que quería ser Presentadora de Televisión; ¿Suena un poco loco verdad? Estaba totalmente obsesionada con Jesús y moviéndome muy firmemente con Él, pero quería una plataforma más grande para compartirlo a Él con el mundo. Resultó que pude conseguir un espacio en el show de MTV llamado TRL; estaba tan feliz, porque fue por lo que yo egoístamente oré. Luego, al culminar cada episodio, me di cuenta que lo menos que quería hacer, era estudiar la música nueva, los diferentes artistas y ver cuáles eran los nuevos proyectos que ellos iban a tener. En realidad me importaba muy poco saber todo eso. Quería compartir a Cristo con ellos, quería que reconocieran que el vacío que ellos tenían en sus corazones, solo podía ser llenado por Cristo. Les quería decir que dejaran de seguir intentando llenar esos vacíos con la música y que la música nunca los iba a satisfacer. Irónicamente, en ese momento no estaba buscando que la música o un título llenaran mis vacíos, pero si estaba buscando un estado civil que me hiciera sentir mejor sobre mí misma.

Avancemos a tres años después, cuando conocí a mi esposo Cornelius; compartiré más sobre nuestro trayecto mientras hablo acerca de otras historias a lo largo del libro, pero en nuestra primera cita, Cornelius me dijo que no me besaría hasta el día de nuestra boda. Le creí, pero también sabía que la prueba iba a estar en el pudin. No le podía creer completamente hasta no ver el fruto de esta declaración tan audaz. Después de un año y de mucho desarrollo emocional, Cornelius me propuso matrimonio.

Luego, ocho meses después nos casamos y nos besamos por primera vez el día de nuestra boda. Antes de eso, no había nada de caricias, dormir en la misma cama, besos en la mejilla, mano o en ningún otro lugar. Pusimos en práctica límites estrictos y siempre pasábamos tiempo juntos acompañados de un grupo de personas. Desde ese punto, empezamos con nuestro ministerio y hemos estado predicando a cualquier persona que nos quiera escuchar.

Como puedes ver, tuve diferentes opciones en la vida. Pude haberme quedado en la "industria" y tener relaciones con jugadores de basquetbol, raperos y negarme a pasar tiempo con Dios, o quien sabe qué otra cosa; no obstante, te puedo asegurar que no estaría donde estoy hoy. Tú puedes seguir la voluntad que Dios ya tiene predestinada para ti, o puedes seguir tu propia voluntad.

4
¿QUÉ TIENES EN TU CORAZÓN?

A mí me gusta chequear mi corazón regularmente. Es más o menos como un chequeo físico que te harías anualmente, pero en vez de hacerlo anualmente, te recomiendo juzgar tu corazón diariamente. Algunas veces, podemos estar muy alejadas de Dios y nuestros corazones pueden estar tan contaminados con este mundo, que empezamos a creer nuestras propias mentiras. Nuestras propias mentiras se convierten en nuestras realidades y después empezamos a pensar que está bien tener un poquito de relaciones sexuales aquí y allá, vivir con nuestros novios, jugar a la "casita" e ir a las discotecas y clubes, beber y quien sabe qué otra cosa. ¿Hay alguna mentira que has creído en tu corazón?

Muchas veces, te sientes terrible cuando intencionalmente ignoras a Dios en el principio; luego, tu corazón tal vez se arrepienta. Dirás: "Señor, no lo volveré a hacer" y empezarás a hacerle promesas vacías diciéndole: "Señor, no cometeré este pecado de nuevo si tú haces esto o aquello", pero terminas haciendo justo lo que hiciste anteriormente. ¿Por qué es que seguimos corriendo hacia el pecado que nos está destruyendo? ¿Por qué no podemos liberarnos completamente de él?

Vas a la iglesia el Domingo, pero después que se acabe esa hora, todavía tienes 167 horas durante la semana y no le dedicas ninguna de esas horas a "tiempo privado" con Dios. Entonces, vuelves a pecar y te vuelves a sentir mal, pero no tan mal como la primera vez que cometiste ese mismo pecado y ese sentimiento que solía romper tu corazón se ha ido; tu corazón ahora se ha fortalecido. Luego te comienzas a cuestionar si Dios es real, empiezas a entretener estos debates de "¿Acaso lo que Cristo hizo en la cruz fue real?" comienzas a pasar tu tiempo con gente con extrañas creencias liberales y modernas, que te hacen creer que tú eres el universo y tú eres "dios".

Seamos claros, eres creada en la imagen de Dios, sin embargo *tú no eres Dios*. No importa que pastor te diga que tú lo eres, Dios no compartirá su gloria con nadie más, incluyendo algún humano que cree que tiene autoridad sobre Él. Somos hijas e hijos del Altísimo Dios; Él es nuestro Padre y cuando pecamos, el Espíritu Santo nos advierte, nos dice que PAREMOS y dejemos de ir en esa dirección, que esa dirección no es parte de la voluntad que Dios tiene para nuestras vidas. ¿Por qué es que continuamos yendo en esa dirección, para luego terminar en lugar que está tan alejado de Dios?

Después, nosotros empezamos a culpar a Dios, nuestros padres, ex-novios y cualquier otra persona que se nos ponga en el camino. Querida, tú terminaste en esa dirección gracias a las decisiones que tú tomaste. Tienes una elección diaria de vivir para Dios o para ti misma, y si te sigues escogiendo a ti misma, sufrirás las consecuencias; es la fría y cruda verdad.

Sufrirás cuando tengas relaciones sexuales fuera de tu matrimonio; tal vez no lo veas de una vez, porque el sexo te puede estar cegando de lo que en realidad puede pasar, pero ¿Acaso esos 30 segundos con él son los suficientemente valiosos como para vivir con SIDA el resto de tu vida? Claro, Dios es un sanador, pero ¿Qué pasa si no te sanas y mueres de SIDA a los 30 años de edad? Luego, tienes que tomar medicinas durante los siguientes 15 años que tienes de vida en esta tierra y sentirte miserable diariamente. ¿Acaso esos 30 segundos con él, valen la pena como para tu ser una madre soltera? De verdad yo no me podría imaginar ser una madre soltera, mucho menos una mujer embarazada soltera.

En estos momentos estoy embarazada de nuestro primer hijo, y durante los primeros tres meses de mi embarazo, pasé muchas noches en vela enferma. El Señor me llenó de humildad durante ese periodo de tiempo, y gracias a Dios mi embarazo ha mejorado significativamente, pero no me puedo mover tan rápido como antes podía. Algunas veces no puedo levantar objetos pesados, simplemente necesito ayuda de mi esposo para todo. Necesito que él ore conmigo, que me aliente y que este conmigo, mientras compartimos todas estas experiencias que se viven en un matrimonio.

Como madre soltera, tal vez tendrás que tener dos trabajos para poder proveerle a tu familia. Toda tu vida puede cambiar en un segundo, cuando te acuestas con un chico que desea tu cuerpo más de lo que él pueda desear a Jesucristo. ¿Tú crees que vale la pena? ¿Vale la pena enviarle un mensaje por Facebook a tu ex novio, cuando sabes muy bien que tu esposo estaría molesto al enterarse? Tal vez extrañas a tu ex y extrañas la atención que él te solía ofrecer, y tal vez sientes que tu esposo no te está dando esa atención que tú te mereces y necesitas; una pequeña conversación puede causar una miseria eterna. ¿Si supieras cual es el resultado final de tus pecados, igualmente los cometerías? ¡Por supuesto que no! Si supieras el dolor, la agonía, la frustración y la miseria que esa decisión egoísta causaría, nunca cometerías ese pecado; de hecho, correrías lejísimo de ese pecado. Quemarías esa computadora que está llena de pornografía, bloquearías a tu ex del Facebook, y nunca responderías ese mensaje de texto que te envió ese chico, si supieras cual sería el resultado final.

La Biblia nos dice: *"Concentren su atención en las cosas de arriba, no en las cosas de la tierra"* (Colosenses 3:2). Esta escritura nos ayuda a recordar, que si estamos viviendo una vida enfocada en Dios, no querremos pecar, no querremos perseguir relaciones vacías; querríamos lo que Dios quiere para con nosotros y correríamos lejos del pecado.

Quizás estás pensando: "Ok Heather entiendo todo esto, más sin embargo no entiendo porque sigo saltando a la cama con este chico; no entiendo porque pienso sobre mi ex novio cada vez que estoy con mi esposo, no entiendo porque miento tanto, no entiendo porque prefiero escuchar las canciones de

Beyoncé, en vez de escuchar a artistas cristianos como Kari Jobe; sigo persiguiendo la vida de pecado y no entiendo porqué. Continuo yendo a la iglesia y continuo rezando ¡pero nada está cambiando!"

¿Estas lista para la cruda verdad? No has sido salvada. En el libro *1 Juan* dice: "*aquellos que pertenecen a Jesucristo permanecerán en la Luz*" los salvados están en busca constante de la luz y no la oscuridad; buscan diariamente a Dios, ignorando pensamientos negativos y cuidando sus corazones, no pueden permitir dejar que nada entre en ellos que potencialmente vaya a apartarlos ni un centímetro lejos de El Padre. La diferencia entre una persona que ha sido salvada y una que no lo ha sido, es su corazón. Tal vez hayas confesado todos tus pecados a Dios, pero ¿cuál es el punto de confesar tus pecados, si planeas ir a repetirlos momentos luego?

Si fuiste salvada a la edad de once años, pero desde entonces has estado viviendo una vida llena de pecados, entonces no estás salvada; DEBES VOLVER A NACER. Tu naturaleza carnal sigue liderando tu vida, no el Espíritu Santo. Un gran ejemplo de lo que me estoy refiriendo, es Satanás. Él solía ser un ángel muy hermoso lleno de muchas virtudes, y formaba parte del grupo de alabanza a Dios en los cielos. El orgullo entró a su corazón, porque él quería ser Dios, así que fue expulsado del cielo junto con otros ángeles.

Qué pasaría si él viniera a ti y te dijera: "Soy un cristiano, mira como levanto mis manos en alabanza a Él y mira como lo adoro. Además, yo soy el que lidero el grupo de alabanza en mi iglesia". Al final del servicio dominical, ves como Satanás va a los pies del altar a llorar y alabar; ¿Se ve muy convincente verdad? Pero si pudieras ver en su corazón, verías que él es malvado. Su corazón se está riendo de la manera más malvada y asquerosa posible, mientras se voltea y regresa a su asiento después de haber estado frente al altar.

El simple hecho que una persona vaya al servicio religioso, grite, salte y adore, NO SIGNIFICA que esta persona haya sido salvada. La evidencia de ser salvado esta en lo que pasa durante esas 167 horas de la semana, después de dejar el edificio religioso. Así que miremos a tu horario esta semana pasada, ¿Qué hiciste? ¿Cómo glorificaste a Dios? ¿Acaso estás atendiendo a todos estos servicios religiosos y haciendo todas estas actividades religiosas, pero en el fondo sabes que no crees en nada de lo que estás escuchando? ¿Acaso solo quieres darle paz a tu mente y cumplir con estos requisitos, para no sentir que un día vas a irte al infierno? ¿Quién te dijo a ti que eso es lo único que tú necesitas, hacer para ir al cielo? Querida, si ese fuera el caso, Satanás y todos sus demonios estarían ahí, junto con todas las religiones en el mundo.

Podrás pensar: "Heather, una vez salvada, siempre estarás salvada" ¿Es esto verdad?, lo que te estoy tratando de explicar es que para empezar, nunca fuiste salvada, y las pocas palabras vacías que escupiste de tu boca mientras seguías viviendo un estilo de vida carnal, demuestran quien es tu verdadero Padre. Te estoy tratando de decir que no basta con recitar versículos de la Biblia, sino más bien, que Dios está buscando corazones que también quieran vivir esas Palabras Santas y vivir para Él. Esto no significa que tú eres perfecta, esto no significa que jamás te equivocarás, porque tu marcarás la diferencia; esto significa lo siguiente: ¿Te estás arrepintiendo a los pies de Dios y trabajando constantemente para quedarte en el lado de la Luz, o ya te rendiste y no te importa nada de esto?

La diferencia entre la Cristiandad y todas otras religiones, es CRISTO. La mayoría de las otras religiones creen que hay un Jesucristo, pero no creen que Él solo fue quien nos salvó. La mayoría creen que necesitas a Jesucristo, más esto y aquello para ser salvados.

Tengo noticias buenas y malas para ti: la buena noticia es que Dios es bueno, y la mala noticia es que tu naturaleza carnal no lo es. Para poder reconciliarte con Dios, necesitas un salvador y un mediador; porque tú has cortado a Dios de tu vida. Cada bebé que viene a este mundo va a tener un momento clave en su vida, donde va a tener que escoger a Jesucristo o a otro dios. No es suficiente decir que escoges a Jesucristo, si estás viviendo tu vida como si hubieses escogido a otro dios; la prueba verdadera está en tus victorias privadas y cuando tú mueres diariamente y revives en Jesús, tomas tu cruz y le sigues. No vas a encontrar esta prueba cuando te sientes en la iglesia, viéndote toda linda y espiritual; sino más bien, cuando estas postrada a Dios, en un lugar secreto y privado donde nadie te vea, y ahí clamar su nombre y entregarle tu corazón; pidiéndole que lo moldee y lo cambie a su gusto.

No esperes ir a la iglesia o a un evento religioso para buscar tu salvación; cierra este libro por un momento, ora y clama a Dios. Deja que todas tus penas salgan en este momento. Dale a Él todas tus tristezas, tus lamentaciones, tus momentos difíciles y dile que tú quieres creer que Él es verdadero, pero te está costando hacerlo, porque estás intentando utilizar tu lógica para comprenderlo a Él. Dile que quieres una verdadera relación con Él, pero no sabes dónde o incluso como empezarla. Exprésale como extrañas la hermosa relación que tenían; entrégale todo tu ser y todo tu corazón.

Lamentablemente, muchas iglesias han obstaculizado el proceso de la salvación. Cuando ellos le dicen a la gente que se paren frente al altar, esta gente piensa que de verdad han sido salvados al recitar: *"Si confiesas con tu boca y crees en tu corazón que Jesús es el Señor, entonces serás salvo"* (Romanos 10:9). Ellos hacen la parte de la confesión, pero después se detienen en la parte de creer. La parte en donde empiezas a creer no pasará, sino hasta que te vayas de la iglesia ese día. ¿De verdad crees en tu corazón que Dios te ama? ¿De verdad crees que Jesús murió por ti? ¿Crees que Jesús quiere que coloques todas sus preocupaciones y angustias en Él, porque te quiere ver feliz? ¿Por fin has cedido el control de tu vida, y has decidido concentrarte en la vida que Dios tiene planeada para ti? La parte donde tú pruebas tu creencia en Dios, no pasará a los 10 segundos de haberte ido de la iglesia y de haberle entregado tu vida al Señor. ¿Cuántas veces más iras a la iglesia con promesas vacías?

En algún punto de tu vida, deberás darte cuenta que eres responsable de tus acciones, debes levantarte y tomar decisiones que muestren al mundo quien es tu verdadero Padre. ¡Clama a Dios todos los días de tu vida! Pídele a Dios que te ayude a no pecar. No te estoy diciendo que yo no peco o que soy perfecta, porque yo estoy muy lejos de la perfección; lo que te quiero decir, es que este es el momento en el que debes dejar de pecar intencionalmente. Debes ser intencional cuando se trata de tu relación con Cristo. Debes intencionalmente buscar pasar tiempo a diario con Él y permitirle cambiarte de adentro hacia afuera. Sí, es maravilloso ir a la iglesia para que ella te llene de ese "combustible" que necesitas, pero también deberías estar buscando ese combustible, dentro de las cuatro paredes de tu hogar, a través del estudio de la Biblia y al pasar tiempo a diario con Dios. ¿No te das cuenta que la mayoría de tus problemas serán removidos de tu vida, una vez que permitas que Dios purifique tu corazón?; Él elimina todo aquello que no se parezca a Él o lo honre a Él, y lo hace paso a paso.

Considero que cuando le damos nuestros corazones a Jesucristo como cristianos, creamos una larga lista de todas las cosas que tenemos que cambiar, luego nos sentimos abrumados y nos rendimos; así que en vez de abrumarte, permite que Dios trabaje en ti paso a paso. Dios siempre nos está hablando e indicándonos que eliminemos ciertas cosas. Por ejemplo, cuando yo estaba nuevamente salvada y le había entregado mi vida a Dios, el Señor me indicó que terminara mi relación con mí entonces novio. Yo sabía que él era una distracción y que me estaba empujando en la dirección contraria a la de Dios. Mi novio se había convertido en mi "dios", y El Señor se niega a compartir su gloria con alguien más. Yo todavía escuchaba música rap, también decía vulgaridades de vez en cuando y aún era un tren descarrilado; sin embargo, en vez de Dios crear una lista de todas las cosas malas que estaba haciendo y recordar los pecados que estaba cometiendo, Él me indicó paso a paso, que hacer para poner mi vida en orden.

Paso número uno: terminar la relación con mi novio. Yo debía obedecer las instrucciones dadas en el paso número uno, antes de poder avanzar al paso dos. Incluso, yo estaba cegada y quería seguir haciendo todas esas cosas carnales, hasta que el Señor me reveló que esas acciones no eran correctas. Una vez que Él me hizo esta revelación, yo era responsable de cumplir su voluntad, y sería juzgada si no cambiaba mis acciones.

Mientras continuaba viviendo mi vida para Dios, mi trayecto se convirtió más y más en un proceso; un día ya no pude seguir escuchando música Rap o R&B, incluso algunas canciones de música religiosa. Empecé a prestarle atención a los corazones de esas personas que cantaban esas canciones, luego veía esta extraña imagen de Satanás riéndose y sonriendo, mientras veía que yo me abría a él en cierto modo, incluyendo a través de la música. Tú tal vez pensarás que la música no te afecta de ninguna manera, pero créeme, esa música está plantando una semilla en tu corazón.

Como te mencioné anteriormente, Satanás era parte del equipo musical de adoración en el cielo. Los líderes de adoración, tienen una parte muy vital cuando se trata de asegurarse, que el grupo de gente congregada, consiga llegar a la dulce presencia de Dios y ambientar el lugar para recibir su Espíritu. La música es muy poderosa, es una de las avenidas que Dios utiliza para ayudarte a desenfocarte de ti mismo, y ubicar tu mirada en Él. Mientras levantas tu mirada y lo adoras a través de una canción, empiezas a preparar tu corazón para recibir su palabra. *"Dios habita en tu alabanza"* (Salmos 22:3). Pasan cosas maravillosas, cuando alabas a Dios con todo tu corazón. Te pregunto: ¿Cuál es el propósito de la música que escuchas a Diario? ¿La escuchas porque te recuerda a tu pasado o de "donde provienes"? ¿La escuchas porque te hace sentir algún tipo de calidez dentro de ti? ¿Te ayuda a superar un rompimiento?, debo ser honesta contigo hermana, el propósito de la música, siempre ha sido glorificar a Dios y no a nosotras mismas.

Recuerdo un día cuando trabajaba en la disquera Def Jam, donde tuve que llevar varios cuadros de arte al estudio de uno de los artistas mundanos más famoso del momento. Mientras me acercaba al estudio, vi un letrero que decía: "No Se Permiten Chicas" y lo mire con mucho asco. Todo el equipo de producción de ese artista sabía que yo estaba obsesionada con Jesús, por lo que les dije que ni siquiera quería saber que era lo que ese letrero significaba, solo necesitaba que ellos aprobaran los cuadros de arte. Luego de haberlos aprobado, fui camino a mi casa ya que para el momento, eran casi las diez de la noche. El Señor comenzó a hablarme: "Heather, ¿sabes porque ellos tenían ese letrero ahí?", le respondí: "No Señor, no sé porqué, ¿será que me podrás explicar?" a lo que me dijo: "La razón por la cual ese letrero estaba ahí, es porque ellos habían tenido a varias mujeres en el estudio de grabación y esas mujeres estaban haciendo actos sexuales con los artistas. Si ellos estaban completamente distraídos por las mujeres y satisfechos con su cuerpo, ellos cantaban canciones con ese mismo espíritu, y luego eran puestas a los oídos y al espíritu de cualquier persona que las escuchara; esas personas a su vez, se sentían distraídos y querían tener relaciones sexuales. Verás, de la misma manera en que tu cantas canciones para mí y me permites habitar en tu corazón; de esa misma forma el enemigo, hace esto en los corazones de las personas, pero con música distinta".

Quedé totalmente sorprendida, clame a Dios y oré profundamente por todas esas personas que cantan las letras de las canciones escritas por este tipo de artistas, y por toda la gente que idolatran a aquellos, cuyo padre es el Diablo. Así que hermana, ¡NO!, no son canciones "sanas" con letras "sanas". ¿Qué es lo que está pasando en el corazón de esa persona que te está administrando su mensaje a través de esa canción? Si esa persona no tiene en su corazón a Dios y no están asegurándose de vivir intencionalmente para el Señor, entonces estás sujeta a que la atmósfera de Satanás este creada en ti. Si estás tratando de superar un amor fallido; lo más probable es que no deberías estar escuchando canciones de amor, que te recuerden de ese rompimiento que tuviste. En vez de eso, deberías leer el libro de Salmos y meditar en la Sagrada Escritura y orar a Dios, mientras escuchas música de adoración.

Algunos de mis artistas favoritos de música de adoración son Kim Walker, Jesus Culture, Kari Jobe, Hillsong y Jimmy Needham. ¿Te preguntas porque no sientes que necesitas a Dios o a su presencia? Estoy segura que tiene mucho que ver con aquello que está creando la atmósfera en tu corazón. Esto también aplica a todos esos shows de televisión que miras, y las películas que ves. ¿Acaso el guion glorifica a Dios, o te motiva a reírte y planta semillas en ti; asegurándote que está bien ser homosexual, que está bien tener relaciones sexuales con cualquier persona fuera de tu matrimonio e incluso, antes del matrimonio?

Recuerdo la película *"The Notebook"*. Todos lloran al final cuando la pareja muere junta, mientras se sostienen de la mano y duermen; pero ¿acaso alguien lloró en medio de la película, cuando tuvieron sexo y ellos no estaban casado? Ella incluso estaba comprometida con otro hombre. ¿Cómo dejamos que esto pasara desapercibido? Nosotros nos empezamos a exponer a varias cosas; esas cosas se convierten en algo normal en nuestro entorno y no nos damos cuenta el daño que nos estamos haciendo, y como estamos empujando a Dios fuera de nuestra vida.

En estos momentos debes estar pensando: "Heather, siento que no puedo hacer nada. No puedo escuchar nada, ni ver nada en la televisión". Honestamente, hay buenos shows, buenas películas y buena música allá afuera, pero quiero que veas como Satanás se cuela en tu vida, trata de revelarse y confundirte; y luego no sabes qué hacer, ni como llegaste a ese punto. Te estoy tratando de mostrar la razón por la cual estás hecha un desastre, y por qué no deseas a Dios con más intensidad. *Con la ayuda del Espíritu Santo, te estoy mostrando que es lo que tienes en el corazón.*

No te puedes permitir leer Blogs, solo para enterarte del ultimo chisme o historia en la vida de las celebridades, porque tal vez, te sentirás muy poco contenta con tu propia vida; te preguntarás si alguna vez lograrás ser famosa mientras te sientas ahí leyendo ese artículo y envidiando su vida. ¿Por qué envidias la vida de los no creyentes? ¡Su padre es el Diablo! Por favor, hagámonos un chequeo en nuestros corazones y empecemos a vivir la vida que Dios tiene para nosotros. Tal vez estás leyendo un artículo de celebridades, y te enteraste que una de ellas tiene una nueva película pornográfica. Luego, la idea será introducida en tu cabeza y abrirás Google para buscar esta película. Ahora estarás viendo diferentes películas pornográficas por varias horas en tu computadora, y ni te diste cuenta que ver un artículo, fue lo que abrió esta ventana de lujuria. Para completar todo, tu esposo o amigo de tu esposo utilizan tu computadora, y ven lo que has estado buscando. Mientras tú desesperadamente intentas explicar que es lo que pasó, piensas como todo pudo haber sido evitado, si nunca hubieses visto ese artículo.

No sé tú, pero yo no quiero vivir esta vida y luego pararme frente Dios a decirle: "Yo hice esto y aquello en tu nombre Señor. Prediqué tu palabra, oré, ayuné, escribí libros" y luego escuchar como Jesús me dice: *"Aléjate de mí hacedora de maldad, jamás te conocí"* (*Mateo 7:23*). La escritura me dice que puedo hacer todas estas obras maravillosas en la tierra, y jamás conocer quién es Jesús verdaderamente. Quiero respirarlo, quiero implorarle diariamente y necesitar su presencia. Quiero que Cristo cambie en mi todo lo que soy internamente. Implórale a Dios en este momento y permite que Él te complete.

5
¿TIENES AMIGOS?

Ahora que ya tenemos la base fundamental de la salvación, quiero que veamos a esos amigos con los cuales nos rodeamos. ¿De quién estás aceptando consejos? ¿De esa mujer que está amargada, enojada, divorciada y que odia a los hombres? ¿De esa mujer soltera que tiene varios hijos de padres distintos, y que te está diciendo que no necesitas estar casada con nadie para tener bebés? ¿De ese hombre que es un mujeriego, que engaña a su pareja con todo aquello que se mueve? ¿De aquella mujer que tiene mucho drama en su vida y es un desastre emocionalmente? ¿De quién? No sé tú, pero yo me niego a tomar consejo de aquellas personas que no están donde yo querría estar, y que dan consejos desde su perspectiva limitada y dañada. El lugar donde yo busco consejo es en Cristo, si no podemos empezar a hablar sobre Él, entonces nuestra conversación se acaba en ese momento. *"Por sobre todas las cosas cuida tu corazón, porque de él mana la vida" (Proverbios 4:23).*

Yo creo que nosotros leemos estas escrituras y no terminamos de entender que parte juega el corazón en nuestras vidas. Físicamente, nuestro corazón es una cámara que bombea sangre al resto de nuestro cuerpo. Si por alguna razón una arteria tiene una obstrucción o algo va mal en su ritmo, hay una posibilidad que puedas morir. Como reconocemos eso, físicamente, el corazón es el lugar desde donde la sangre, nutrientes y vitaminas fluyen al resto del cuerpo. Deberíamos poder reconocer que debemos comer saludablemente, chequearnos físicamente, y asegurarnos que nuestro corazón está trabajando de manera adecuada para poder vivir.

Muchas de ustedes saben que no pueden saturar sus corazones de mantequilla, azúcar, chuletas de puerco a diario y esperar estar saludable, pero lamentablemente, alimentamos a nuestro cuerpo espiritual con chismes, mentiras y con cualquier otra cosa que nuestro corazón nos "indique". En vez de comer comida chatarra, estamos alimentando nuestro espíritu con comida espiritual chatarra. Vemos todo tipo de shows de reality, cualquier tipo de películas, y nos permitimos escuchar música que plantará semillas malvadas en nuestros corazones. Pasamos nuestros días rodeadas de mujeres que chismean en todo momento, hablan mal de sus esposos y son completamente infelices; sin mencionar que los corazones de estas mujeres están muy alejados de Dios. ¡Hay una razón por la cual Dios te está diciendo que lo cuides! ¡Dime con quién andas y te diré quién eres!, así que mira a tus amigos, ellos son TU REFLEJO.

Tal vez dirás: "Mira Heather, estoy predicándoles la palabra de Dios y no creo que debería eliminar una amistad, incluso si ellas no están salvadas". Dime, ¿De verdad les estás predicando la palabra de Dios? ¿Estás controlando los lugares donde compartes con esa amistad? Con esto me refiero a que si las estás invitando a tu casa o la iglesia, ya que estos son considerados "lugares controlados"; y no estás yendo a las discotecas con ellos, fumando con ellos, bebiendo y cualquier otra de estas cosas, ¿verdad? Si verdaderamente estás siendo una luz para ellos y crees con convicción que Dios te está utilizando ¡Maravilloso!, Dios tal vez te está utilizando como ejemplo para tus amigos; pero la mayoría de las veces, tus amigos están plantando más semillas en tu corazón, de lo que tú estás plantando en los de ellos.

Si no eres lo suficientemente fuerte en la caminata cristiana, pasar tiempo con ese tipo de amistades, puede causar que olvides a Dios. Verás su estilo de vida, como se acuestan con cualquier persona, recibiendo dinero de diferentes hombres, siempre vistiéndose con las mejores marcas de diseñadores, teniendo promociones laborales, etc. Comenzarás a pensar: "Bueno, su vida se ve mucho mejor que la mía así que... tal vez su estilo de vida es mucho mejor que este estilo de vida Cristiano". Seamos claras, te va a costar ALGO vivir una vida en Jesús. Si fuera fácil, todo el mundo estaría viviendo en Cristo. *Mateo 7:14* dice: *"Pero estrecha es la puerta y angosto el camino que conduce a la vida, y son pocos los que la encuentran"*. Como ya lo mencioné, no es suficiente que tú o tus amigos digan que tú eres cristiana. Debe haber prueba tangible y algún fruto en tu árbol para demostrar esto.

"Amigos". Utilizamos esta palabra tan libremente, sin ni siquiera haber tenido una experiencia donde ambos se hayan unido y fortalecido como amigos. Muchos de nosotros tenemos una tonelada de "Amigos". Todos tenemos nuestros amigos de Facebook, o las personas que conocemos en el convivir diario y las nombramos nuestras "mejores amigas", luego de minutos de haberlas conocido; pero seamos honestas y no nos confundamos, *"hay "amigos" que llevan a la ruina y hay amigos más fieles que un hermano"* (Proverbios 18:24)". Creo que es muy interesante como la Nueva Versión Internacional de la Biblia coloca "amigos" entre comillas, casi como si dijeran que en realidad no son tus amigos. Deja de esperar acciones de amistad de todas aquellas personas que dicen que TE AMAN, el amor es un verbo; los amigos deben mostrar acciones de amor. Si tus amigos están destinados a continuar su vida contigo, nunca te dejarán. Me gusta ver a algunas de mis amistades, utilizando la misma perspectiva con la que veo un matrimonio; lo que quiero decir es que tendrás pruebas y retos, pero si te mantienes fuerte y centrada en esas relaciones aprobadas por Dios, empezarás a ver el fruto de las mismas, en poco tiempo.

Mientras lees este capítulo, pensarás en todas aquellas amistades que ya no están en tu vida y estarás de acuerdo con lo que te digo. Ahora te pregunto: ¿Qué tipo de amiga eres tú?, es fácil hablar de la grama de alguien más, sin ver la tuya; ¿Eres una buena amiga?, ¿Hablas mal de tus amigos?, ¿Oras y clamas a Dios por tus amigos?, ¿Sufres con ellos, cuando ellos sufren y lloras con ellos, cuando ellos lloran? O ¿Esperas que ellos te hagan feliz de cualquier manera posible?

¿Recuerdas que discutimos nuestra naturaleza carnal unas páginas atrás?, tu naturaleza carnal debe ser cambiada a una naturaleza en Cristo; para tu poder ofrecerles a tus amigos más ventajas, en vez de esperar utilizarlos solo para tu beneficio.

Es vital que dejes de darles a todos el título de "amigos". Tengo varias mejores amigas, a varias de ellas las he conocido por más de una década. No puedo darles a todos el título de "mejores amigos" sin primero haber vivido juntos, experiencias realmente significativas. Hemos discutido, estado en acuerdo y en desacuerdo, nos hemos confrontado las unas con las otras y muchas más cosas en cada temporada de mi vida; verdaderamente, siento que puedo llamar a esas mujeres mis mejores amigas, porque ellas han pagado el precio de esta amistad al igual que yo. No puedo darle ese título a una chica "cualquiera", que se apareció en mi vida y no ha compartido conmigo ni siquiera un año (una cualquiera, en termino de amistad, se define como una persona que no te ayuda a mejorar, sino más bien te perjudica). Una amistad debe ser comprobada como algo serio y permanecer consistente, sin importar por cual temporada de tu vida estés pasando; también debe demostrar que ambos bandos de la amistad, están seriamente comprometidos a hacerla funcionar.

Creciendo, siempre pensé que se suponía que todos fueran mis amigos, y siempre les daba la oportunidad de demostrarme si podían serlo o no. Agradezco a Dios por el Espíritu Santo, quien ahora me revela el corazón de las personas. Después que varias "amistades" se acabaron, me di cuenta que Dios coloca a personas especiales a mi alrededor, para yo poder ayudarles y a su vez ellas ayudarme a lograr la voluntad perfecta de Dios para con nuestras vidas. Esas amigas no agotan toda mi energía. Me ayudan a crecer, me hacen mejor diariamente. Mi oración es poder ayudarlas a ellas, como ellas me ayudan a mí.

Si cuestionas una amistad en particular, tal vez es una señal que Dios ha estado trabajando en tu corazón y preparándote para que pronto esa amistad este fuera de tu vida. No cuestiono mi amistad con mis mejores amigas, porque ellas han sido consistentes al pasar de los años. Si miras tu vida, probablemente notarás como tus amigos han cambiado desde la Escuela Preparatoria hasta la Universidad. Vuelven a cambiar cuando terminan la Universidad y se mudan a una ciudad nueva; de nuevo cuando se casan y luego cuando tienen hijos. Notas que incluso, si dejas una iglesia y vas a una nueva, perderás contacto con algunas de las personas que formaron parte de ese ministerio. Simplemente eran conocidos, no amigos; por favor no confundas ambas condiciones. La amistad solo era conveniente, porque estaban cerca la una a la otra. Veamos algunas maneras de identificar una buena amiga o amigo:

1. Te acercan más a Cristo. No te están presionando a beber, ir a clubes o discotecas, tener relaciones sexuales, pasar la noche con hombres cualquieras

o con tu novio o novia; no te presionan a utilizar drogas, robar o mentir.

2. Se sentirán responsables de ti. Te dirán cuando estás equivocada, pero de igual manera te apoyarán y guiarán de vuelta a la voluntad que Dios, tiene para con tu vida.

3. No apoyan tu versión de la historia, especialmente en un matrimonio o en una relación ordenada por Dios; ellas te escuchan y te explican el otro lado de la historia. En mi propia vida, cuando las cosas se ponían difíciles, no dudaba en irme de vacaciones o irme a una isla a pasar un fin de semana relajándome. Cuando empecé a cortejar con Cornelius, si teníamos un desacuerdo, yo intentaba escapar de mis problemas. Mi mejor amiga se aseguró de corregirme y me dijo que no podía escapar de mis problemas, que tenía que confrontarlos y arreglarlos. Un amigo debería ayudarte a ver el otro lado de la historia.

4. Rezan por ti. Una de mis amigas estaba pasando por un momento muy duro en su vida. Después de alentarla por el teléfono y rezar con ella, colgué la llamada y le clamé a Dios por ella. Me postré a los

pies de Cristo, como si ella y yo estuviéramos pasando por la misma situación, sentí su dolor muy profundamente. Un verdadero amigo quiere LO MEJOR en tu vida, como si ellos estuvieran caminando en tus zapatos. Sentí el dolor por el que ella estaba pasando, yo odiaba el pecado, odiaba esos ataques, sin embargo sabía que Dios era más grande que todo eso. Tus oraciones no siempre tienen que ser solo sobre ti. ¿Cuál es el motivo de tu amistad? Asegúrate de dar ventajas y no quitarlas.

5. Te consideran y te defienden. La gente no puede hablar mal de mis amigos en mi presencia. Si escucho algo de alguien directamente, voy a confrontar la situación de una manera muy amable y respetuosa. Algunas veces, podemos ser muy curiosos y preocuparnos mucho por el drama que otras personas están viviendo, olvidándonos de nuestros propios problemas. Debemos asegurarnos que nuestra mente esté lista para solucionar problemas cuando estamos ayudando a nuestros amigos, manteniendo el enfoque en Cristo.

6. Un verdadero amigo no siempre dice "si ". ¿Cómo esperas crecer, si tus amigos siempre te dicen lo que quieres escuchar?, un verdadero amigo te refresca y te da energía. Te sientes más ligero, mejor y feliz cuando estás a su alrededor. Son un aliento de aire fresco.

7. La amistad es una vía de dos sentidos. ¿Eres la única llamando, enviando emails, mensajes de texto y enviando mensajes de Facebook o Twitter a tu amiga? Si ese es el caso, no es la mejor en el aspecto de la comunicación, pero al menos debería hacer un esfuerzo de devolver tus llamadas. Una de mis mejores amigas no es la mejor persona utilizando su teléfono, pero como nosotras vivimos en diferentes estados, nos reusamos a dejar que pasen un par de días sin hablar. Cuando te importa alguien, haces lo posible e imposible por ellos.

8. Un verdadero amigo está contigo en todas las temporadas de tu vida. ¿Te casaste? ¿Te mudaste? ¿fuiste a la escuela?, un verdadero amigo está ahí contigo apoyándote y motivándote. Planea contigo tu boda, te ayuda a mudarte y pone a tu orden todos sus recursos. No te dejan de llamar porque ir

a cenar contigo ya no es "conveniente". No enfoca la boda en ella, ni se queja porque tú no escogiste el vestido de las damas con el color que a ella le gusta. No está secretamente celosa, porque desea ser ella la que se case y no tú.

9. Te hablan con palabras que dan vida. Seamos sinceros, una verdadera amiga no habla mal de ti cuando está a tus espaldas; te habla palabras de vida cuando estás presente y hace lo mismo a tus espaldas. Si un rumor empieza a circular sobre ti ¿agregan acaso algún detalle extra, para sentir que pueden asociarse con las otras personas? o ¿los confronta sobre ese rumor y se aleja al terminar? Incluso si ellos no están de acuerdo con tu estilo de vida, un amigo te deja saber eso de una manera respetuosa y amable, luego se callan y dejan de molestarte al respecto. Por ejemplo, si te estás vistiendo de manera inapropiada, un verdadero amigo te alentará a vestirte más modestamente y a presentarte al mundo de manera más respetable.

10. No coquetean con tu novio o intentan tener una relación con él, luego que ustedes terminaran la relación. De hermana a hermana, no hagas eso. Si de verdad quieres atención, ve a pasar tiempo con

Jesús. Hay 7 billones de personas en esta tierra y sus ojos están en ti. Él te dará toda la atención que necesitas, deja de tratar de buscar esa atención en los brazos del hombre de otra persona.

Así que este es el punto: cuando pasas por situaciones difíciles, retos, pruebas, mudanzas, matrimonios, divorcios, muertes, etc., ¿estarán tus amigos apoyándote, o se irán y hablarán a tus espaldas? Es tiempo que revises todas tus amistades. Tus amistades deberían ser puentes que te eleven más cerca a Cristo, no barrancos oscuros que te hagan caer al abismo.

6
LABIOS ROSADOS

Esta es la manera perfecta de complementar lo que hemos visto en los capítulos anteriores. Titulé este libro *Labios Rosados & Corazones Vacíos* porque como mujeres, tendemos a enfocarnos más en la apariencia externa, ignorando la apariencia de nuestros corazones. Compramos ese labial Chanel de $50, una cartera linda, pantalones y botas; nos arreglamos nuestro pelo y cualquier otra cosa que pensemos que nos hace ver "hermosas". Todas esas cosas consumen tu tiempo, pero ¿para qué? ¿Para poder estar a la altura de una imagen que tu consideras "hermosa"?.

¿Estás feliz con la manera en que luces? ¿te sientes insatisfecha regularmente y continuas gastando dinero, tiempo y energía en mejorar tu apariencia personal, mientras haces dietas severas y gastas tu dinero destinado para la renta en un bolso nuevo, y luego luchas en conseguir unos centavos más para arreglar tu cabello?, caminas en un salón lleno de gente y sin importar lo que tienes puesto o como te ves, tienes ese sentido de inferioridad; sintiendo que no eres lo suficientemente buena, linda, alta o pequeña, además de que seguramente estas consciente que, no ganas ni la mitad de dinero que esos a tu alrededor ganan. Te sientes tan poca cosa incluso para entrar en ciertas tiendas, porque una sola camisa cuesta lo mismo que tu renta. Constantemente te criticas de pie a cabeza y te juzgas tan fuertemente, comparando tu imagen con la de las otras personas a tu alrededor.

¿Sabes que todos esos pensamientos están siendo utilizados en tu contra para distraerte de cumplir la voluntad que Dios tiene en tu vida, al igual que destruyen tu confianza? Si no crees que eres lo suficientemente "buena", lo más probable es que no creas que Dios te va a utilizar. Te quedarás atascada en ese sentido de inferioridad por el resto de tu vida y seguirás sintiéndote insegura. Luego, te casarás con un hombre que te hará sentir aún peor de lo que ya te sientes; atrajiste a ti lo que has sido todo este tiempo, alguien disfuncional. Después tendrás hijos que pensarán como tú piensas, criarás otra generación de niños, que inconscientemente aprenderán las mismas cosas que tú sabes.

¿Cómo puedes tu algún día enseñarles a tus hijos que sus valores vienen de Cristo, si tú misma no crees en esa realidad? ¿Acaso no sabes que todo esto es aún más grande de lo que tú piensas?, estas transfiriendo tu manera de pensar a la siguiente generación. Dios tendrá que pasar otros diez años arreglando todas esas enseñanzas falsas que tú y tu esposo les dieron regularmente a tus hijos, mientras se sentaban cada domingo en el servicio religioso, sin cambiar internamente quienes eran.

¿Quién te dijo a ti las mentiras que crees sobre ti misma? ¿Fue la gente en las revistas, TMZ o los shows de reality que ves?, parece entretenimiento sano ¿verdad? Bueno – no lo es. Esos shows de televisión que no son beneficiosos y esas revistas, solo hacen que tu corazón se sienta insatisfecho. Te hacen desear que tu novio ganara más dinero, y te hace idolatrar a las celebridades que ves en esas páginas. Deseas tener sus vidas. Ignoras el hecho que Jesucristo te ha salvado y te está alentando constantemente a dejar de sentir celos, y a dejar de compararte con otras personas. Es por eso que él nos dice que debemos: *"cuidar nuestro corazón, puesto a que dé el mana la vida"* (*Proverbios 4:23*). Si realmente quieres ser libre, tienes que hacer de tu parte. Tu parte por hacer es dejar de comprar esas revistas, dejar de sintonizar esos horribles shows y proteger a tu corazón. Practica esta protección.

¿Sabías que Dios nunca utiliza nuestra apariencia externa para determinar nuestra belleza física? Cuando el Profeta Samuel examino a los hijos de Isaí en busca del siguiente Rey de Israel, él estaba impresionado con la apariencia de Eliab. Dios le dijo a Samuel: *"No te dejes impresionar por su apariencia, ni por su estatura, pues yo lo he rechazado. La gente se fija en las apariencias, pero yo me fijo en el corazón"* (*1 Samuel 16:7*). Nada en la apariencia externa de una persona impresiona a Dios. Él está constantemente chequeando que es lo que está pasando en nuestros corazones. Para hacer todo esto relevante, ¿Sabías que las Santas Mujeres ganaban toda su belleza al confiar en Dios y al aceptar la autoridad de sus esposos? (*1 Pedro 3:5*). Eso es gratis. Pagarás un precio al aprender a confiar en Dios y a ser sumisa a tu esposo; eso puede resultar en muchas cosas, una de esas cosas podría ser, eliminar una deuda que tenías en una de tus tarjetas de crédito, enfocándote en lo que es realmente importante.

¿Quién eres tú, como para criticar la manera en que te vez o cómo para hablar de alguien más? En el último día de su creación, Dios dijo: *"hagamos al hombre a nuestra imagen y semejanza"* (Génesis 1:26). Si estás hecha a la imagen de Dios Todopoderoso, asegúrate que Él no cometería ningún error al crearnos. Dios no está sorprendido por tus caderas, labios, ojos, cara o cualquier parte de tu cuerpo. Hablando mal de otras personas; sobre su personalidad o su estilo, está mal hecho y no es nada que te concierne. Dios hizo que te vieras de la manera en que tú te ves como parte de tu propósito en la vida. *"Eres hermosa y maravillosamente hecha"* (Salmos 139:14). Tus talentos, virtudes y todo dentro de ti, no se te fueron dados por error. Dios puso en ti todos esos deseos y adhirió tu personalidad, para completar tu propósito.

No hay ninguna persona en este mundo como tú, así que deja de ser la copia de alguien más. Parte de la libertad que Dios nos dio, es el libre albedrio – esto significa que Él no te va a forzar a hacer nada. Esto me hace pensar en la mujer que no puede costear comprar cosas caras, lo cual hace que varias mujeres en su iglesia hablen de ella y digan que ella se viste muy "pobremente". ¡Por favor hermanas en Cristo! ¡Tenemos que mejorar!, si el pelo de una mujer no está según tus estándares o no se viste de cierta forma, eso no te incumbe; a menos que seas tú la que está pagando por su ropa y sus visitas al salón de belleza. De hecho, no sería mala idea si tú y alguna de tus amigas invitaran a esa mujer a salir de compras. Tú no tienes ni la menor idea de cuánto le costó a ella, tener puesto ese atuendo que tenía ese día.

Nunca sabemos porque situación está verdaderamente pasando una persona, porque usualmente, cuando les preguntamos, ellas responden diciendo "estoy bien" "todo está maravilloso"; probablemente porque no confían lo suficientemente en ti como para decirte estas cosas personales que están experimentando. ¿Cómo pueden confiar en ti, si pueden ver a simple vista lo "pretensiosa" que eres?

Si alguien tiene un desorden físico, no los descartes de una vez a causa de eso. ¿Acaso ellos pueden controlar el hecho de que tienen un desorden físico?, te perderás el placer de convivir con personas maravillosas, si te concentras solo en sus atributos físicos. ¿Qué sería de ti, si algo te pasara mañana físicamente? ¿Qué harías?; estoy segura que desearías que la gente a tu alrededor te amara "por lo que eres"; sin embargo, probablemente no les das a las personas eso que tú quieres recibir de ellas.

Si te sientes deprimida por la manera en como luces, debes recordar que es una decisión diaria aceptar la manera cómo te ves. Créeme, yo sé lo que se siente crecer en una escuela donde te sientes como el "patito feo". Pude haber seguido pensando que yo era esa patita fea, pero sabía que tenía una opción: *seguir criticándome o aprender a amarme y aceptarme.*

Damas, tenemos una opción diaria de escoger vivir para Cristo; elimina de tu mente todos los pensamientos necios, y utiliza sabiduría al gastar. Compra en tiendas de segunda mano y consigue buenas promociones, en vez de estar llena de lujuria y avaricia, comprando cosas materiales lujosas que son innecesarias. Debemos sentirnos satisfechas con nuestras porciones, y aprender a confiar en Su tiempo perfecto en todos los aspectos de nuestras vidas. Si tienes que correr en círculos y esforzarte muchísimo para impresionar a quienes te rodean, entonces déjame decirte que ellos no te convienen. En Cristo, no tenemos que adular a nadie. En Cristo, podemos ser lo que Dios quiere que seamos, sin sentir que nos estamos limitando. En Cristo, podemos ser honestos en donde estamos. En Cristo, podemos reconocer que nuestra apariencia, nuestras posesiones materiales y nuestro "estatus" se desvanecerán. En Cristo, reconoceremos que nuestro valor proviene de Él y lo que Él hizo por nosotros en la cruz. En Cristo, buscamos parecernos más a Él y no parecernos a un humano. Así que no dejes que este mundo loco te confunda, deja que Cristo sea el que te cobije.

Yo considero, que hay algo muy especial cuando tú estás contenta con tu situación actual. En mi opinión, hay dos tipos de descontentos: una es estar descontento con tu porción y lo que Dios tiene para ti, mientras el otro es un descontento en tu caminata con Dios. El descontento con tu porción en la vida, nace usualmente de lo que puedes ver, tocar, sentir, escuchar y decir. Estar descontento espiritualmente es algo bueno en realidad – esto ocurre cuando Dios te está moldeando a su imagen y no estás contenta con ser la chica promedio, quien se rehúsa a proteger su corazón. He tenido temporadas en mi vida, donde estaba descontenta espiritualmente y no estaba satisfecha con el tiempo que pasaba con Dios diariamente. No era suficiente para mí sentarme, orar y leer la Biblia, para luego salir apurada al trabajo. Quería conocer más a profundidad la palabra de Dios; quería pasar más tiempo con Él diariamente. Compré 5 o 6 versiones diferentes de la Biblia por internet, y muchos libros para estudiar la historia de la Biblia; estos realmente explican las historias de una forma distinta que me hizo sentir que adquirí un amplio conocimiento sobre ellas. Estaba hambrienta de aprender y conocer a Dios. Empecé a estudiar otras religiones; no para convertirme a ellas, sino para entender la diferencia entre estas religiones y la Cristiandad; de esta forma, cuando estuviera predicando la palabra a otras personas que no conocían a Cristo y me preguntaban las diferencias entre la Cristiandad y su religión, yo pudiera decirles exactamente cuáles eran las diferencias.

El libro de 1 Pedro 3:15 dice *"Mas bien, honren en su corazón a Cristo como Señor. Estén siempre preparados para responder a todo el que les pida razón de la esperanza que hay en ustedes"*. No estudié el Budismo y la Fe Musulmana para discutir con los creyentes de esas religiones; sino más bien las estudié porque la mayoría de las personas no creen que nosotros como cristianos sepamos de lo que hablamos cuando decimos "Jesús es el ÚNICO camino". Sin embargo Juan 14:6 nos dice: *"Yo soy el camino, la verdad y la* vida – *Le contestó Jesús* – *nadie llega al Padre sino por mí"*. Tenemos que estar guiados por Dios cuando nos acerquemos a otras personas. ¿Cómo llegaste a Cristo? ¿Fue a través de sufrimientos? ¿Penas? ¿Al fin te diste cuenta que tus vacíos no podían ser llenados por mas nadie sino Cristo?, si viniste a Cristo cuando estabas vacío ¿Qué te hace pensar que podemos meterle a Cristo por los ojos a una persona no creyente y utilizar tácticas de intimidación para acercarlo más a Dios?

Recuerdo cuando trabajaba en la industria de la Música y estaba en el estudio compartiendo a Cristo con una mujer que era Budista. Le empecé a decir más sobre su religión, de lo que incluso ella sabía. Le comencé a explicar la diferencia entre la Cristiandad y su religión. La diferencia número uno de todas las religiones y la Cristiandad es CRISTO. Todas ellas "dicen" que creen que Jesús existió; solo no creen que Él murió por nuestros pecados, lo cual fue el factor determinante de nuestra salvación.

Otras religiones no creen que sea suficiente decir que creemos en Cristo y vivir bajo esa creencia; creen que debes hacer todas estas tareas para ser aprobado por Él. Yo explico la Salvación de la siguiente manera: Tengo buenas noticias y malas noticias: La buena es que Dios es bueno, la mala es que tú no lo eres. El pecado entró al mundo y nos separó de Dios; para poder reconciliarnos con Él, necesitamos un salvador.

Dios envió a su único Hijo, Jesús, a venir a la tierra a ser tentado con las mismas cosas que te tientan a diario y a sufrir el dolor que existe aquí en la tierra. A pesar que Él pasó por varias cosas que tú ya has experimentado, Él nunca pecó; Él permaneció cerca del Padre. Él estaba abatido, golpeado y fue crucificado a muerte; y luego de tres días resucitó entre los muertos, quitándole el dominio de las manos al enemigo. Así que el hecho de estar salvado no implica que no serás tentado; la tentación siempre estará ahí, pero Cristo te dará la fortaleza que necesitas para no caer.

Ahora, el que crea en Jesucristo será salvado. Es a través de Él que hemos sido reconciliados con El Padre. Ningún otro "dios" murió por ti, ningún otro "dios" puede interceder con El Padre Dios en tu nombre, ningún otro "dios" se sienta a la derecha del Padre, ningún otro "dios" puede reconciliarte con Dios mismo. Una vez que creas que Jesucristo murió por ti, el Espíritu Santo te reconoce como parte de Él y habita en tu espíritu y en tu ser; de esa manera, tendrás la Luz de quien creó los cielos y la tierra, viviendo dentro de ti.

Hermana, es tan importante que te des cuenta que tu precio fue pagado de una manera muy alta; y sin importar cuanta transformación externa te hagas, nunca se podrá comparar con la belleza interna que descansa y gobierna dentro de ti. Te puedes vestir y maquillar con las mejores marcas del mundo, pero todas esas cosas se desvanecerán.

No hay nada malo con vestirse de manera linda y apropiada, o incluso utilizar maquillaje; pero quiero retarte a pasar más tiempo con Dios, postrada ante él y no gastar tanto tiempo frente a un espejo. Así que si sientes que Dios te está moldeando y cambiando en cierta área de tu vida, déjalo trabajar. Si sientes un hambre insaciable por la palabra de Dios, pasa tiempo con Él diariamente. Busca la Palabra Santa que hable de todas esas situaciones difíciles por la que estás pasando, busca libros que se refieran a ese tema y continúa meditando esas Escrituras que hablan de tus situaciones diarias.

Nosotros hacemos tiempo para todas aquellas cosas que son importantes en nuestras vidas; así que si puedes hacer tiempo para pasar una tarde completa en el salón de belleza y arreglar tu pelo, estoy segura que puedes pasar una tarde completa postrada ante Dios, implorándole y glorificándolo.

7
EL JUEGO DE LA COMPARACIÓN

Hablemos sobre tu porción. En el mundo de las redes sociales, hay muchas oportunidades de comparar tu vida con la de alguien más. Puede parecer como si lo tuvieran todo – y si, tal vez lo tengan todo, incluyendo problemas y situaciones con las que están viviendo diariamente. Todo el mundo está tratando de mejorar un aspecto de su vida así no lo quieran admitir, por esa razón, deja de comparar tu vida con la de otro humano. Tú como cristiana, no deberías atreverte a comparar tu vida con la de nadie más en este mundo; algunas personas no tienen a Cristo como su padre, sino más bien a Satanás y tú no tienes nada en común con ellos. No puedes mirar a esta vida de 80 años y compararla con la eternidad al lado de Jesús en el cielo.

En cuanto a los otros cristianos, todos tenemos una parte que cumplir en el cuerpo de Cristo. Mi parte nunca será tu parte y viceversa; nunca podré ser como alguien más, sino que tengo la gracia de ser como mi misma. A veces deseo tener más creatividad, más ingenio y ser mucho más organizada, pero

¿sabes qué? Dios me dio muchos dones, y con ellos, puedo aprender a ser más organizada, más creativa y más ingeniosa; mientras aprendo, tengo otros talentos naturales en los que me puedo enfocar. Si sigues enfocándote en lo que no eres, nunca reconocerás las áreas de tu vida con las cuales Dios te ha bendecido. Me encanta pasar mi tiempo con mujeres ingeniosas porque ellas me inspiran y abren mis ojos a cosas que tal vez no pude ver por mí misma. Detente y pregúntate ¿en que eres buena? ¿Cuáles son tus dones?; puede ser tal vez cocinar, limpiar, organizar, los negocios, fotografía, el baile – es ALGO. Enfócate en eso en vez de prestarle atención a tus "debilidades". Luego, únete a Pinterest o ve shows en HGTV para ayudarte a desarrollar esas áreas.

No hay nadie en este mundo con tu exacto ADN. Jeremías 1:5 dice *"Antes de formarte en el vientre, ya te había elegido; antes de que nacieras, ya te había apartado; te había nombrado profeta para las naciones"*. Debes entender que la realidad es que Dios te asignó una tarea a ti, y solo a ti; nunca podrás ser como alguien más, sino tu misma. Cuando Dios te asigna un propósito, las cosas no funcionarán muy bien en otras carreras o profesiones. Te cuento, yo quería ser presentadora de televisión en el show de MTV, TRL. Lo confesaba todos los días, lo creía, rezaba por ello, lo puse en mi pared de los "sueños" y ¿adivina qué?, como lo mencioné anteriormente, tuve una oportunidad de ser anfitriona en ese show y luego de que lo hice, no se sentía bien. No me sentía cómoda entrevistando a artistas y presentando el "siguiente video nuevo". En realidad me importaba muy poco el siguiente video nuevo; ¡Me preocupaba más la siguiente alma que podría ser salvada!, me preocupaba por su salvación, no me importaba su música. En el fondo, como lo mencioné anteriormente, yo sabía que mi propósito era viajar por todo el mundo y predicar la Palabra de Jesucristo a cualquier persona que me escuchara.

Dios cerró muchas puertas en mi cara cuando yo intentaba ser presentadora de televisión. MTV no fue el único canal donde yo adicioné, ¡Yo perseguí ese sueño por años! Dios sabía que al conocer a mí futuro esposo no empacaría mi vida y viajaría a Atlanta, después a Mississippi y luego de regreso a Atlanta, si hubiese decidido estar más involucrada en mi carrera y no en hacer lo que Él tenía previsto para mí. No te estoy diciendo que está mal tener un sueño y querer ejercer en la carrera que sueñas, simplemente te estoy diciendo que seas flexible y confíes en los caminos a donde Dios te guie.

Yo estaba en la escuela haciendo mi Maestría en Artes de la Consejería en Salud Mental, cuando mi esposo me propuso matrimonio. Luego, iba a obtener mi Doctorado en Psicología Clínica y abrir mi propia clínica, puesto a que estaba constantemente aconsejando y guiando a las personas a mi alrededor por horas; pero lo deje todo y empaqué mis cosas para mudarme y casarme. Creía firmemente en la visión que el Señor Dios le había dado a mi esposo, y sabía que él nos había llamado para cumplir esta misión. Esta fue mi porción, ¡Mi hermosa porción! ¿Cuál es tu hermosa porción? No te estoy diciendo que es hermosa porque todo es perfecto, créeme, no es perfecto. Mi vida ha tenido su gran cantidad de pruebas, pero he aprendido a ver la belleza de todas las cosas sin importar que pase en ella. Mi esperanza está centrada en Cristo y nadie más.

No tienes que comparar tu vida con la de más nadie, ya que tú estás en tu camino y haciendo lo que Dios te asignó a ti. Mi satisfacción proviene de Él solamente, así que no puedo mirar a la vida de nadie más y desear que sea mía, porque estoy muy ocupada comparando mi vida con la de Cristo. Mientras más te enfoques en lo que te falta, más tendrá importancia en tu vida y más te distraerá de tu propósito. Querida hermana, si estas constantemente en Blogs, viendo ciertos shows de televisión o rodeándote de gente que te está causando descontento, DEBES dejar de rodearte con ellos.

En los capítulos anteriores, mencioné muy brevemente que tenía una amiga que era muy dulce, pero solo salía a citas con chicos que tuvieran suficiente dinero como para colocarlos en cierto estatus social. Ella amaba la ropa, carteras, viajes, carros y cosas buenas; de hecho, ella idolatraba a estas cosas (no hay nada malo con gustarnos esas cosas, pero su relación con los objetos materiales estaba fuera de orden). Cuando empecé a pasar tiempo con ella y escuché la manera en la que se refería a los hombres y cosas materiales, me alejé de su compañía. Fue difícil al principio porque en realidad la amaba como persona (Si me conocieras, supieras que quiero ser mejor amiga de todas las chicas en el mundo y luego tener una pijamada gigantesca para que todas vengan a compartir conmigo) pero en ese momento de mi vida, estaba pasando por una temporada donde Dios me estaba limpiando de cosas materiales y de la cantidad de valor e importancia que yo le daba a esos objetos. No fue fácil alejarme de esas amistades que me distraían, y se me hizo mucho más difícil aun porque en ese momento yo no estaba dedicándole tiempo a Dios todos los días y cuando lo hacía, ignoraba sus instrucciones.

En lo que se refiere a comparar tu vida con la de alguien más, creo que la mejor palabra que puede describir ser libre es MORIR. Efesios 4:22-24 dice *"Con respecto a la vida que antes llevaban, se les enseñó que debían quitarse el ropaje de la vieja naturaleza, la cual esta corrompida por los deseos engañosos; ser renovados en la actitud de su mente y ponerse el ropaje de la nueva naturaleza, creada a imagen de Dios, en verdadera Justicia y santidad"*

Si realmente crees que Dios tiene planes hermosos para ti, entonces morirás en tu naturaleza vieja porque esta corrompida y le pertenece al enemigo. Por supuesto, si estas comparando tu vida con la vida de alguien más, es porque no estás caminando con tus propios dones y enfocándote en tu llamado. Cuando mueres y renuevas tu vida una y otra vez, estás constantemente enfocándote en Jesucristo y no tendrás tiempo de comparar y contrastar tu vida con la de nadie más. Estarás muy ocupado y muy cansado haciendo lo que Dios te llamó a hacer.

Esto tal vez suena como un "cliché" cristiano, peo si estás luchando con sentimientos de celo o envidia por otra persona, quiero motivarte a rezar por ellos regularmente. Recuerdo una situación en mi vida donde tuve celos de la vida de otra mujer.

Sin importar lo que ella dijera, la miraba con mala cara y la ignoraba porque en mi corazón había sentimiento de celos por esta persona. Quién sabe que semilla permití que fuese plantada en mi corazón. El Señor me dijo que rezara por ella cada vez que me sintiera enojada o celosa; yo le obedecí y mi oración decía algo así: "Dios, rezo por mi hermana en estos momentos. Te agradezco el hecho de que ella te está buscando y que los planes que tienes con su vida son buenos. Tienes planes de darle prosperidad y un maravilloso resultado. Te pido que le des la convicción de buscarte diariamente y esté más enamorada de ti, que de este mundo".

¿Crees acaso que el enemigo seguirá plantando sugestiones y pensamientos en tu cabeza sobre esa persona, si a través de la oración te liberaste de ella? Si resolvieras más situaciones a través de la oración, verías como esas situaciones cambian. Siempre digo esto y lo diré una vez más: ¿Si creyeras que la oración funciona, dejarías alguna vez de orar?

Tal vez estás preocupada por los planes que Dios tiene en tu vida y te preguntarás como todo dará resultado, mientras parece que otras personas tienen "todo resuelto". Te seré honesta, puedo hablar de mi misma porque conozco mi historia, créeme, tal vez pensarás que tengo todo resuelto, y eso no es nada cierto.

En el 2004 el Señor me dijo que iba a predicar La Palabra de Jesús por todo el mundo y que iba a compartir a Cristo. Yo no estaba ni remotamente cerca de mi promesa completamente sino hasta el 2012, teniendo así, ocho largos años de preparación. Antes de Dios decirme lo que tenía planeado para mí, sufrí mucho mientras estaba en la Universidad debatiendo que carrera estudiar. No tenía ni idea que era lo que Dios me había llamado a hacer, y en ese entonces yo era un completo desastre, así que no sabía por dónde empezar.

He aprendido que pasamos por varias temporadas a lo largo de nuestras vidas: temporadas solitarias, temporadas secas, temporadas donde lo perdemos todo, temporadas donde lo ganamos todo, temporadas donde sentimos la presencia de Dios y temporadas donde sentimos como si Él estuviera muy lejos de nosotros. Echémosle un vistazo a estas temporadas.

Temporada Solitaria

Al principio, cuando somos salvados y le entregamos nuestra vida a Cristo, nos sentimos como si estuviéramos muy solos, puesto a que El Señor empieza a liberarnos y mostrarnos todas esas personas a nuestro alrededor que no nos convienen. Como mencioné anteriormente, cuando Cristo me salvó, lo primero que El Señor me dijo fue que rompiera la relación con mi novio; luego, me dijo que dejara de pasar mis ratos libres con un grupo de chicas que se negaban a vivir su vida para Jesús (a este grupo particular de chicas le encantaba estar detrás de cierto tipo de chicos en el campus universitario, salían de fiesta y bebían). No solo me dijo Dios que me alejara de esas relaciones, sino que también busco una manera que yo dejara ese campus universitario y obtuve una pasantía en Washington DC. ¡Qué tres meses tan solitarios!

Ese año aprendí a tener una relación más íntima con Cristo, porque Él era todo lo que yo tenía en mi nueva ciudad. Me enteré que el chico con el que estaba saliendo anteriormente, se estaba acostando con la misma mujer con la él me había sido infiel mientras éramos novios. No solo conocía a la mujer con la que él estaba acostándose, sino que recuerdo haberla visto en la iglesia todos los domingos y haberla llevado a su casa porque ella no tenía un carro para movilizarse y yo quería ayudarla en su caminata con Dios. El Señor inmediatamente cerró esa puerta para mí y Él sabía que yo nunca regresaría con ese chico.

Por más que odiara estar sola, sabía que mi valor e importancia tenían que ser encontrados en Cristo primero, así que me deshice de todas mis carteras Louis Vuitton y Gucci (No quería utilizar ningún artículo de marca de diseñador porque les había dado mucho valor a esos objetos materiales). Sentía que tenía que utilizar ciertas cosas cuando salía con cierto grupo de personas, porque quería sentirme "aceptada" por ellos. Me negué a utilizar marca de diseñadores durante los siguientes cinco años, hasta que llegué a un punto donde firmemente creía que todo mi valor estaba en Cristo. Ahora, siento que puedo tener mi cartera de diseñador porque me gusta la calidad de ella y no porque necesito que otras personas me aprueben. Soy aprobada por lo que Cristo hizo en la cruz por mí, mas no por lo que uso. Esa temporada fue una temporada tan desnuda para mí. Deje ir todo aquello a lo que me apegué y todas esas personas con las que yo sentía que definía mi valor.

Mi renta en Washington DC eran $2000 al mes, y gracias a Dios, tenía una compañera de cuarto que pagaba la mitad, pero de igual forma, dependía DIARIAMENTE en que Dios proveyera como cubrir mis gastos. Tenía una pasantía sin paga y Él me dijo muy claro que Él no quería que yo buscara un trabajo mientras estaba en mi pasantía. Ahora que miro atrás, entiendo porque Él no quería que yo buscara un trabajo. No estoy diciendo que hay algo malo con trabajar, pero sabía con convicción que durante esa temporada, Dios quería que me quedara tranquila. Por supuesto, todo el mundo pensó que yo estaba loca, pero gracias a Dios, siempre lograba de una forma u otra tener el dinero necesario para cubrir mi renta mensualmente, y después de terminar mi relación con mi antiguo novio, pasé la mayoría de mi tiempo en Washington DC postrada llorando e implorando a Dios.

Verás, hay momentos en la vida donde Dios te *tiene que apartar de todo lo que te rodea, para sanar todas las heridas que has tenido a lo largo de tu vida.* Corremos a nuestros trabajos o escuelas, permitiendo que estos llenen nuestras mentes de ocupaciones, mientras escondemos nuestros sentimientos debajo de la cama. Nunca lidiamos con nuestras luchas, nunca combatimos el dolor, simplemente pensamos que si ignoramos estos sentimientos, ellos se desaparecerán algún día. Luego, te involucras en una relación y la "tu" que escondiste debajo de tu cama hace años, empieza a salir a luz y a manifestarse en tu vida de nuevo. Todas las inseguridades, preocupaciones y stress que tuviste con tus relaciones pasadas en la universidad, se manifestarán en tu matrimonio, si no solucionas esas emociones negativas.

Te cuento, a mí me costó confiar en Dios durante esta temporada de soledad, porque mis pequeños ex novios me habían sido infieles con todo aquello que se movía. Esto hizo que yo percibiera a Dios como uno de ellos, haciéndome pensar que tal vez Él me mentiría también; *todavía estaba tratando de controlar mi vida en esta temporada, porque no tenía confianza total en Dios.* No estaba completamente convencida que Dios cumpliría con su promesa y tenía miedo de darle mi corazón entero a alguien, incluso si ese alguien era Cristo, porque *no quería salir lastimada.*

Hermana, Dios jamás te fallará ni te olvidará. Él está contigo incluso hasta el fin de esta tierra, y no se parece en nada a todas las personas que te han lastimado en el pasado. Cuando Dios te está diciendo que remuevas a alguien de tu vida durante una estación en particular, es por tu bien. Tal vez tendrás varias estaciones solitarias en tu vida, yo misma he experimentado mi buen número de estas estaciones; lo que si se es esto, cada vez que me sentía sola o vacía, *sabía que ese era Dios llamándome y pidiéndome que nuestra relación fuera más cercana e íntima.* No era suficiente para mí ir a servicios religiosos un domingo por una hora, porque todavía quedaban 167 horas en la semana donde Él quería mi atención.

¿Acaso crees que Dios se va a sentar en el cielo y dejará que tú crees tus propios ídolos durante esta estación? El permitirá que seas despojado de todo, solo para que de esta forma te puedas acercar más a Él; Él te extraña. Durante mi temporada "desnuda" le ofrecía mi corazón a Dios diariamente; pasaba tiempo con Él y ayunaba con regularidad. Leía mi Biblia en el almuerzo y me negaba a comer varias veces, porque cada vez que me daba hambre, le quería decir a mi carne quien era la que mandaba en mi cuerpo, y esta era La palabra de Dios. Buscaba con ansias rendirme a los pies de Dios, y quería que mi corazón luciera justo como el de Él.

Iba a la tienda de comida y escogía una receta, mientras hablaba con Dios durante todo ese tiempo. Luego iría a mi casa, cocinaba y veía una película, todo esto con Jesús a mi lado. Hablaba con Él, de la misma manera en que tú hablas con un amigo cercano. Pensarás que esto es raro, tu "lógica" tal vez te diga que esto no es real, pero quiero que sepas que Dios es más real que este libro que estás leyendo. Durante esta temporada, es vital reconocer que los sentimientos de soledad que estás teniendo, son temporales.

Continúe en esta temporada hasta que me gradué de la universidad y me mudé a Nueva York (Esta tal vez fue la temporada más difícil de toda mi vida pero jamás la cambiaría por nada; la necesitaba para convertirme en la Heather que soy hoy en día). Sin importar a donde voy o que hago, *sé que Dios está conmigo.* Siempre recuerdo esta preciosa temporada donde lloraba a los pies de Cristo y lo veía proveer para mí y cuidarme.

No llenes esta temporada con más amigos desordenados, novios extraños, chismes o cualquier otra cosa que te prevenga avanzar, sino más bien, úsala para crecer en el fruto del Espíritu. Trae algo más a la mesa de tus relaciones que no sea solo tu labial rosado, un buen trabajo y una cara linda.

Temporada Victoriosa

Esta temporada seguro te va a encantar, porque parece que todo te está saliendo muy bien. En tu trabajo te va bien, tu esposo no te está volviendo loca, estás felizmente soltera o conociste un hombre temeroso a Dios y crees que él va a ser tu esposo en un futuro. Tu familia está feliz y todo está yendo de maravilla. Así que ¿Estás igualmente desesperada en mantener tu relación íntima con Jesús? O ¿El tiempo que pasabas con Él disminuyó, porque sientes que ya no lo necesitas tanto?

Debemos preguntarnos *¿Realmente quiero a Dios, o quiero las cosas que Él puede hacer por mí?* ¿Realmente quiero la dulce presencia de Dios en mi vida o solo quiero sus "bendiciones"? ¿Doy mi ofrenda todas las semanas por miedo a que si no le doy dinero a Dios, Él no me dará lo que yo necesito, así como si pudieras comprar a DIOS?

Dios no es un genio mágico y durante esta estación, debes recordar que todo lo bueno y perfecto que tienes en tu vida proviene de Dios. Ni se te ocurra empezar a tomar crédito por todas las cosas buenas que han pasado en tu vida. El orgullo puede empezar a escabullirse en nuestros corazones durante esta temporada, porque acreditamos nuestras victorias a nuestro trabajo arduo y no a Dios. Debes tener mucho cuidado durante esta temporada y no **olvidar** a Dios. Debes mantenerte enfocada en el cielo y no en las cosas aquí en la tierra, porque lo que puede pasar es que tu vida caiga cuesta abajo después de esta temporada, y si no estás lista, te asustarás muchísimo.

Temporada Silenciosa

Esta temporada es tal vez la más estresante. En ella, reflexionas como Dios se ha manifestado en tu vida, pero pareciera que estuviese callado en estos momentos. Vas en tu privacidad a pasar tiempo con Él, pero parece que nada resonó contigo; no sabes dónde empezar ni donde finalizar. Te levantas de tu tiempo silencioso sintiéndote de la misma manera que te sentías antes de empezar a orar. Estás acercándote a Dios diariamente, pero no sabes por qué no estás viendo las cosas de la misma manera en como las veías antes.

Recuerdo una temporada donde había terminado de trabajar en un proyecto y estaba buscando un nuevo trabajo, pero Dios me dijo que no trabajara por un mes completo. Estaba tan frustrada porque Él me dijo que solo pasara tiempo con Él diariamente. Yo pensaba: "Dios, puedo hacer eso y trabajar al mismo tiempo, necesito pagar mis deudas Señor, ¿Cómo voy a hacer eso Dios, si solo quieres que me siente en un cuarto a pasar tiempo contigo?" No me dijo mucho durante ese mes, pero lentamente me empezó a mostrar quienes estaban a mí alrededor.

Estaba en una relación con un chico que era extremadamente duro conmigo porque no estaba trabajando y solo pasaba tiempo con Dios. Él no entendía mi convicción, y al ver que ni siquiera era mi esposo, yo no tenía ningún motivo de ser sumisa a él. No solo eso, nosotros no estábamos viviendo nuestra relación en Cristo, así que empecé a ver su corazón. Dios me mostró que a este hombre en particular, solo le importaba lo que la gente pensaba de él y de la persona con la que él estaba involucrada; a él en realidad *no le importaba el llamado que Dios había hecho en mi vida.* Le dije que El Señor me había llamado a predicar y viajar por todo el mundo para compartir a Cristo, le dije lo que El Señor me había mostrado, pero nunca nada fue suficientemente bueno para este chico. Él quería que yo me convirtiera en doctora, abogada o algo más que no fuera eso.

Hermana, es triste como durante nuestra temporada seca, nosotras asumimos cosas que alguien nos presiona a tomar, fuera de los planes que sabemos que Dios tiene para con nosotras. No empieces una carrera nueva o regreses a la escuela porque alguien te presionó. Siéntate y quédate en silencio mientras le imploras a Dios; dile que a pesar que esta temporada es "silenciosa", sabes que Él está contigo y que nunca te dejará ni te olvidará.

Temporada de Sequía

Uuuffff, esta temporada es muy fuerte porque pareciera que NADA está funcionando a tu favor. Sientes como si no estás interpretando bien lo que Dios te está diciendo y estas en un punto en el que sientes que te vas a rendir. Deseas que las cosas comiencen a funcionar otra vez, pero no sabes que hacer para que esto pase; parece que todo a tu alrededor está siendo cambiado o despojado de tu vida. Yo pasé por lo que aparentaba ser una temporada de sequía, antes de empezar con nuestro ministerio; ¡Qué temporada tan difícil! No quiero volver a pasar por eso jamás, pero estoy agradecida por todo lo que aprendí.

Dios literalmente nos encomendó a Cornelius y a mí que dejáramos de asistir a la iglesia donde habíamos estado yendo por los últimos años, y al hacerlo, todas esas personas que nosotros pensábamos que nos "amaban", nos dieron la espalda. Dios nos empezó a mostrar los corazones de todas esas personas a quienes conocíamos; y pasamos de ser "amigos" de muchísima gente, a tener un grupo pequeños de amigos. Gracias a Dios por esa temporada.

El Señor me mostró quien me apoyaba y quien estaba en mi contra, sabiendo esto, no podría permitirme entretener esas relaciones en estos momentos, ¡Estoy cansada y estoy ocupada! No tengo tiempo de estar rodeada con gente que no me apoya y no me motiva a seguir con el ministerio que Dios ha puesto dentro de mí. ¿Estoy brava con ellos o siento alguna amargura contra ellos? ¡Por supuesto que no! He perdonado a todos por cualquier ofensa y he seguido adelante; no tengo tiempo de sentarme y preocuparme por las personas que me han abandonado. Tengo el esposo más maravilloso del mundo, una familia excelente y las mejores amigas del mundo, no los cambiaría por nada; y la mayoría de personas a las que estaba tratando de aferrarme, no estaban calificadas para ir conmigo a la siguiente estación de mi vida. Ahora entiendo que había un obstáculo en los caminos de esas relaciones.

Muchas de las personas que ya no están en mi vida, eran el tipo de personas que tenían un pie en el mundo, y el otro en el Reino de Dios. ¿Puede Dios perdonarlos? ¡Sí! ¿Pueden cambiar? ¡Sí! ¿Dios me quería alrededor de ellos? ¡No! Yo no discuto con las instrucciones de Dios, simplemente las obedezco y tú también deberías hacer lo mismo.

Durante esta temporada de sequía, perdí a tres de las personas más cercanas a mí a causa de muertes, incluyendo dos miembros de mi familia. Así que no solo deje la iglesia que había atendido por siete años, sino que también perdí muchos "amigos", mi esposo y yo nos mudamos a un estado nuevo y perdí a tres de las personas más cercanas a mí.

Durante todo este tiempo, mi esposo y yo le estábamos pidiendo a Dios que nos despojara de todo aquello a lo que nosotros habíamos puesto nuestra confianza y enfoque, que no fuera Jesús. Poco después, descubrí que la agencia de carro donde compré mi vehículo, me había vendido una camioneta que había sido re-poseída y el dueño anterior la había reportado como robada. Después que el dueño se dio cuenta que el carro había sido re-poseído, nunca llamó para actualizar el título y por una razón u otra, esta agencia de carros me vendió esta camioneta a mí. Dos años después, luego de haber pagado casi todo el balance del carro, la agencia me notifica que necesitan que les regrese el vehículo a ellos, haciendo que ya yo no tuviera un medio de transporte.

Con todo esto pasando tan seguido, pensé: "Dios, ¿en serio?, las muertes, mudarme a Mississippi donde no conozco a mas nadie que no sea mi esposo, perder "amigos", perder mi camioneta, estar recién casada, Dios ¡estoy hecha pedazos!". En esta temporada, le empecé a dar todo mi corazón a Cristo en un nivel completamente nuevo. Aprendí a confiar en Él y depender de Él como nunca antes. Nunca lo cuestioné, siempre tenía fe que Él haría lo que Él deseaba y que yo no era Dios, por ende, habían cosas que no lograría entender.

Durante esta estación, debes sostenerte fuerte a Cristo. Este no es el momento de correr de vuelta a tu pasado o sumergirte en el trabajo. Cuando eres despojado de todo lo que te da comodidad, es el tiempo de *entregarle completamente tu corazón a Cristo* y decirle que tu confianza no tiene nada que ver con la manera en cómo te sientes. No es el momento de correr a tus familiares y decirles lo que está en tu corazón; en vez de eso, busca a Cristo y deja que Él te ayude a madurar.

Últimamente, si estás trabajando en un lugar que odias y no ves una manera como salir de ahí, te aliento a descansar en Cristo. Yo solía ir a un trabajo que odiaba hace años y mientras entraba al edificio decía: "Dios, sé que no estaré siempre en este trabajo, pero mientras estoy aquí, este es mi ministerio de tiempo completo". De esta manera, sentía que me preparaba diariamente para afrontar mi día.

Temporada de alegría

¡Sí!, la temporada feliz. Todo el mundo ama esta temporada porque en ella, entiendes que la alegría es incondicional, lo contrario a la felicidad. La felicidad está basada en sentimientos o eventos, pero durante esta temporada, estás clara en tu confianza a Dios. Sin importar que pase, siempre vas a revertir la situación y cambiar tu perspectiva, mientras recuerdas que toda tu confianza está en Cristo y no en tu situación actual. Esta temporada es maravillosa porque está llena de frutos; todas esas cosas por las que rezaste se están materializando en tu vida.

Tu organización está comenzando, te casaste, tuviste un bebe, tienes paz interna y todo aquello que deseaste; es una temporada hermosa. Asegúrate que durante esta estación, te postres a los pies del Señor. ¿Tu urgencia hacia Él cambia cuando la vida parece estar yendo de maravilla? ¿No necesitas mucho a Dios?, tus facturas fueron pagadas, finalmente tienes a tu "hombre", los niños están felices – la vida es bella.

Te reto a que busques el corazón de Dios en medio de esta temporada, a pesar que todo parezca estar yendo de maravilla. Quédate en el lugar de siempre buscarlo y compartir tiempo de calidad con Él, sin importar lo que esté pasando en tu vida.

No mires a estas temporadas como algo "malo" o "bueno".
Cada estación de tu vida *te preparará* para tu siguiente
temporada. Cada una de esas temporadas por las cuales pasé,
eran necesarias ser vividas para llegar a donde estoy hoy.
Algunas cosas que ocurren en nuestras vidas están destinadas
a pasar, pero algunas cosas pasan, porque nosotros permitimos
que ellas ocurrieran. Algunas de las temporadas tristes y
depresivas por las que estás viviendo pueden ser ocasionadas
porque estás viviendo con tu novio, o simplemente tienes un
corazón amargo y lleno de celos, y te reúsas a permitir que Dios
entre en tu interior. ¿Cuál es la razón?

Recuerdo haber pasado por mi Temporada de Sequia
cuando estaba pecando intencionalmente. Mi noviecito se
quedaba en mi casa sesenta por ciento de la semana y yo
disfrutaba su compañía, aun cuando sabía que esto no era lo
correcto. Yo iba a la iglesia, rezaba, daba ofrendas, etc., pero de
igual forma me acostaba en la cama con ese chico. Luego, la vida
comenzó a ponerse bien difícil. Estaba tratando de rentar un
condominio, y no podía encontrar a alguien que lo habitara.
Perdí mi trabajo, mis amistades se acabaron, y en el medio de
todo esto, Dios me estaba indicando que debía terminar la
relación. Dios tiene una manera muy especial de llamar nuestra
atención, al permitir que nuestras bases sean arrancadas de sus
cimientos, por debajo de nosotros.

Necesitaba tocar el fondo del abismo, para verdaderamente darle mi corazón a Cristo, terminar con ese chico y volver a encaminarme en mi misión. No puedes esperar encaminarte en tu destino, sin cumplir los primeros pasos que el Espíritu Santo te está ordenando cumplir. Si se te hace difícil escuchar la voz de Dios, entonces tal vez es porque no estás pasando suficiente tiempo junto a él. Tú tienes la habilidad de reconocer la voz de tus padres porque has pasado suficiente tiempo con ellos. Si no buscas a Cristo intencionalmente, tal vez termines confundiendo su voz con la de otro.

8
LA ALEGRÍA DE SER SOLTERA

Si estas casada, no recomiendo que ignores este capítulo. Te motivo a que lo leas, adquieras de el todo el conocimiento y lo compartas con alguien más. Considero que a veces cuando nos casamos, nos olvidamos de las luchas que tuvimos al ser solteras; el matrimonio no significa que llegaste a la meta, *sino más bien que apenas estas empezando el recorrido.*

Después de ser salvada, me involucré más en la iglesia, me volví más selectiva de la gente con quien me rodeaba y solo salía con chicos con los que sentía que me podría casar en un futuro. En el 2005, le pedí a Dios que me enviara un hombre que no me besara sino hasta el día de nuestra boda, pero al darme cuenta que eso no pasaba con los chicos que conocía, deje ir a ese sueño. Salté de una relación casual a la siguiente, tratando de encontrar mi valor como persona en ellas; tenia ansias de sentirme importante, valorada y amada por alguien, en vez de sentirme rechazada; seguía buscando relaciones que me ayudaran a llenar los vacíos que tenía dentro de mí. Hablaré de esto más adelante en el libro, pero un día, llego un punto en el que estaba cansada de sentirme cansada.

Yo estaba cansada de ir a la iglesia todas las semanas, y no aplicar nada de las enseñanzas en mi vida diaria. Veía como me seguía metiendo en la cama con mis noviecitos; pero en el fondo de mi corazón, estaba deseando poder conocer a mi alma gemela, mientras salía a citas con diferentes chicos. Tu alma es tu voluntad, mente y emociones; lo creas o no, estas tres áreas deben ser desarrolladas. Tus pensamientos, sentimientos y experiencias pasadas, influyen en lo que eres hoy en día.

Pensé que un hombre cualquiera vendría a mi vida y me haría sentir todo el amor y calidez que necesitaba, que me quitaría todo el dolor de mi alma y de mis experiencias pasadas. Bueno, mi manera de pensar me mintió porque después de seis meses y varias discusiones, mi noviecito intentaba tener relaciones sexuales conmigo y usualmente, él terminaba ganando. Me arrepentía a menudo y me di cuenta que como seguía conformándome con este tonto, no podía dejar de cometer mis pecados. No podía parar porque la lascivia (inhabilidad de parar) había entrado en mi vida.

Al terminar la relación, todos me preguntaban ¿Por qué?; yo les decía: "él hacía esto y aquello", pero en realidad, ninguno de los dos tenía el deseo de parar con nuestros deseos carnales y someternos a la voluntad de Dios. Ambos amábamos a nuestros cuerpos más de lo que amábamos a Cristo. Verás, convertimos nuestra relación en nuestro "ídolo" y a pesar que queríamos hacer las cosas conforme a lo que Dios nos indicó, tomamos nuestras maneras de pensar y de relacionarnos de cuando no éramos cristianos, y las trajimos a nuestra relación

Cristiana. Déjame ser honesta y dejar de decir excusas, nosotros no sentíamos que valía la pena crecer emocionalmente el uno con el otro. No podíamos quitarnos las manos de encima y teníamos muchas distracciones como para permitirnos conocer al otro de manera más emocional. Lucas 14:28 dice: "*¿Por que quien de vosotros, queriendo edificar una torre, no se sienta primero y calcula los gastos, a ver si tiene lo que necesitan para acabarla?*"

Cuando no ves el precio de la relación o evalúas tu motivo para querer estar con ese chico, (estás impaciente, poniéndote vieja, sintiéndote sola, todo el mundo se está casando, etc.), te vuelven a lastimar. Eso significa que estás agregando otra capa de dolor encima de la que ya tenías de la relación pasada; de cuando tu papá te lastimó o de aquel momento cuando esa otra persona te defraudó. ¿Acaso no sabes que si sigues construyendo sobre este tipo de base, nunca serás libre?, estás construyendo tu base sobre la "arena" y no sobre la roca (Mateo 7:25). Así que los vientos y las tormentas vendrán y derrumbarán tu base y seguirá siendo derrumbada, hasta que vayas a buscar la roca y construyas sobre ella.

Cuando conozcas a tu verdadera alma gemela, te motivará a ser la mejor mujer que puedes ser. No será fácil porque él será tu espejo; constantemente "mostrándote" diferentes áreas en tu vida en la que debes mejorar. Te puedo asegurar que este trayecto no siempre será fácil, pero el fruto será eterno y hermoso. Honestamente puedo decir que soy una mejor mujer, gracias al liderazgo de mi esposo. Te recomiendo que te detengas, no vayas tan deprisa y construye tu casa con estándares, para que ningún hombre cualquiera venga a ti y te la derrumbe frente a tus ojos y rompa tu corazón.

Cortejando de la manera en que Dios nos indica no siempre será divertido, porque estás oponiéndote de manera muy directa a las tentaciones que el mundo actual te está ofreciendo. Deberías saber quién eres como persona, antes de involucrarte en una nueva relación; porque si no sabes quién eres, ese nuevo hombre establecerá cuáles son tus estándares. Cuando sabes cuál es tu propósito y sabes cuál es la voluntad de Dios en tu vida, no desistirás ante ningún humano. Vivirás una vida llena de propósito y no querrás involucrarte en una relación con un hombre que sueña ser un rapero, cuando sabes que El Señor te llamó a predicar la Palabra Santa.

Una persona que está centrada en el llamado que Dios tiene en su vida, no será fácilmente influenciada por cualquier invitación abierta que reciba de otras personas. Es una persona con discreción, y se comporta con ciertos estándares. No tiene tiempo de pasar el rato con Susana, Keisha y Jhonny cuando quieren salir a beber, fumar y chismear. Ten por seguro que no vas a querer involucrarte en relaciones con cualquier hombre extraño que conozcas, porque sabrás que ¡no tienes tiempo que perder! Tienes un propósito y un plan que cumplir, y todas estas cosas solamente lograrán distraerte. No todos pueden ir a donde tú vas, y ellos entienden eso sobre ti. Tal vez te llamarán presumida, incluso empezarás a pensar que te crees mejor que los demás, pero recuerda que el Señor te ha transformado en una nueva creatura en Jesucristo.

A veces, el trayecto se te hará difícil porque por varios años has pasado tu tiempo con ciertos tipo de personas, sin embargo, te darás cuenta que los tiempos han cambiado, y si Dios te está motivando a deshacerte de relaciones anteriores, es porque eso ayudará a cumplir con tu propósito. Dios siempre tiene una cosecha en el otro lado de tu obediencia. Si hay una relación que te hace sentir cómoda, pero a la vez sabes que esta persona no es la que Dios ha destinado para tu vida, debes dejarlos ir en tu mente. No dejes que la idea de "sentirte mal" o "ser mala" te abrume. ¡No estás siendo mala! Solo estás viviendo con propósito y ¡no tienes tiempo que perder! El tiempo es tu posesión más sagrada y esos años que pasaste con tu corazón roto, son años que no puedes recuperar. Rompe con toda atadura física y mental de la cual te has aferrado todos estos años, y enfócate en el llamado que Jesucristo ha hecho en tu vida. Si te preocupa por lo que ellos están pasando, reconoce que solo Dios puede sanar el corazón de una persona y tú no puedes. Deben darle todas sus preocupaciones a Cristo como tú lo has hecho, y seguir adelante.

En un punto de mi vida, tuve que terminar con una relación y fue muy difícil para mí. Las primeras semanas después del rompimiento, busque todas las Santas Escrituras que hablaban sobre el descontento, sobre confiar en Dios, sobre la soledad y el saneamiento. Mi corazón estaba roto, y al igual que un Cáncer intenta matar las células rojas de la sangre, la soledad estaba intentando comerme. Pase tiempo con Dios y practiqué estar en su presencia las 24 horas del día. Escuché a predicadores que enseñaban sobre la Palabra de Dios enfocada en las emociones y relaciones, y medité mucho estas Escrituras hasta que ellas llenaron mi ser y me ayudaron a sanar.

Rechazaba emociones negativas y protegía mis ojos, oídos y corazón, y me negaba a que algo malo fuese plantado en mi vida. Verás, durante este tiempo, Satanás quiere que pienses que la manera "vieja" es la mejor manera, y estoy aquí para decirte que ¡eso no es cierto! Cuando confías que Dios te dará un Isaías y la vida te envía un Ismael ¡ni se te ocurra sentirte satisfecha con eso! Tuve varios hombres cristianos que se acercaron a mí con muy buenos trabajos, hacían labor comunitaria en ministerios religiosos constantemente y eran muy atractivos, pero en el fondo, yo sabía que todavía no era tiempo de involucrarme con ninguno de ellos; simplemente lo sabía.

Dios tiene algo mucho más grande para ti en el otro lado de tu obediencia, mientras pasas por esta temporada. Si, tal vez te sientas sola, si, tal vez te sientas deprimida, si, si, si... ¡por favor DESASTE de esos sentimientos! Tus emociones son inconsistentes y te moverán como el viento, si no les indicas que creer y cómo actuar. Como cristianos, debemos acudir a la palabra de Dios en toda circunstancia, en todo corazón roto y en toda tristeza. Todo esto forma parte de los "pecados de los que Dios nos purificó", así que deja de tratar cargar con ellos.

La palabra de Dios es más grande que tus sentimientos y tu corazón roto.

Después de haber meditado en las escrituras e intencionalmente pasar tiempo con Dios, ¡mi paz regresó! Tenía una perspectiva distinta del rompimiento con mí entonces novio, porque sabía que él no era lo mejor que Dios tenía para mí. Cuando lo volví a ver, me pregunte a mí misma: "¿en que estaba pensando? ¿Siempre caminaba así? ¿Siempre tenía los ojos así?" La razón por la cual me preguntaba eso era porque mi visión estaba cegada, pensé que era esto y aquello, pero nunca lo fue. Fue toda una ilusión derivada de haberme involucrado físicamente con él, fuera del matrimonio (Que esto sirva como recordatorio para que no pases a ese nivel físico con ningún hombre que no sea tu esposo, porque desearás hacer más de lo que deberías hacer). Pon límites, sirve a Dios con tu cuerpo. Si el hombre con el que estás no puede quitarte las manos de encima, pues él no te ama, él solo desea tu cuerpo. Ámate lo suficiente como para salir de esa situación y déjame decirte, no hay nada malo con una persona que camine distinto - el punto es que, estaba tan atada a él sexualmente, que no podía ver quién era el física, mental y espiritualmente. La verdad salió una vez que terminamos la relación, porque por fin pude ver con quien estaba saliendo.

Con todo eso previamente dicho, puedes disfrutar de esta temporada de soltera. Si, TÚ puedes disfrutar tu temporada de soltera. Lo tuve que mencionar dos veces porque muchas de nosotras estamos sentadas en el salón de espera, solo "esperando" a que nuestro esposo nos encuentre. Hermana ¡es hora que te levantes!, es tiempo que te ocupes en buscar a Dios y a seguir la voluntad que Él tiene en tu vida. Cuando conocí a mi esposo, por fin me había deshecho de todos esos amores casuales (personas con las que sabes que nunca te vas a casar, pero igualmente te relacionas con ellas porque estás sola o aburrida), a la vez, estaba sirviendo en cinco ministerios, trabajando tiempo completo, buscando a Dios diariamente, teniendo noches de cita con Dios, disfrutando de mi maravillosa familia y amigos, y estaba contenta con mi porción. Recuerdo haberle dicho a Dios nueve días antes de haber conocido a mi ahora esposo "no me importa si estoy soltera los siguiente diez años Señor ¡estoy tan feliz en todo lo que tú eres, y eres todo lo que siempre he querido y necesitado!". ¿Estás feliz con tu porción, o siempre estás cuestionando el tiempo de Dios? Lo que sea que tienes fuera de Cristo para satisfacerte, es lo que el enemigo utilizará en tu contra. Entonces ¿es una relación? De serlo así, te puedo garantizar que te involucrarás con una persona que tiene pequeñas piezas de lo que tú quieres, pero nunca el paquete completo. Él puede decir que es un cristiano, pero en el fondo, sabes que ese hombre no ha sido salvado.

La evidencia que una persona ha sido salvada puede ser vista, cuando esta persona muere diariamente y se renueva en Cristo. ¿Cómo puede decir él que verdaderamente vive para Dios, si prefiere estudiar tu cuerpo a estudiar la Biblia? Ayúdame a entender como tu noviecito te está ayudando a mejorar y a estar más cerca de Dios. Por favor, deja de hacer escusas en su nombre hermana, él no está listo para vivir una vida en Dios; y lamentablemente, él te está influenciando más a ti de lo que tú lo estás influenciando a él. Quieres un hombre que sea un líder, que te diga que cubras tu escote y que utilices pantalones que de verdad te queden al cuerpo, quieres un hombre que necesite estar más con Dios, y no se enfoque en tener relaciones sexuales contigo fuera del matrimonio. Quieres un hombre que te enseñe el verdadero significado de la Palabra de Dios, y que te muestre cuando un "pastor" o un "profeta" te tienen engañada. ¿Acaso no sabes que tu futuro esposo tiene que liderarte?, deberías ver el fruto de todo este liderazgo mientras cortejan; y si tu esposo no está haciendo lo antes mencionado, pídele a Dios que lo ayude a ser un mejor líder y no lo lideres tú a él. Recuerda, no solo quieres a un esposo lindo y exitoso, quieres a un esposo que tenga su base hecha en Cristo y que también sea físicamente atractivo para ti.

Recuerdo haber empezado a cortejar con un chico que era un poco bajo de estatura; no hay nada malo con esto, pero él no era lo suficientemente alto como para mí y yo no me sentía físicamente atraída a él. Se veía muy bien en papel, pero en el fondo, yo sabía que nunca me casaría con él. El Señor me mostró que estaría atraída a mi futuro esposo, y gracias a Dios, esa relación duró solo unos pocos meses. Llegó un punto donde pensé que me casaría con un hombre que no fuese atractivo para mí, porque en ese tiempo, la mayoría de los hombres Cristianos que conocía no eran atractivos; esto tal vez suena superficial, pero quería estar atraída físicamente a mi esposo. Seamos claras, esto no era lo más importante para mí, pero estaba en mi lista de las cosas que quería en un esposo; quería poder despertarme en la mañana con ganas de mirarlo por dentro y por fuera.

Yo creé una lista y pensé que sería divertido compartirla en este libro. Escribí esta lista en el 2006 y estoy sorprendida al volver a mirarla, porque mi esposo se acerca mucho a lo que yo deseé. Antes de leer mi lista, quiero que sepas que no hay NADA MALO en crear una de estas para ti misma, **pero asegúrate que tú cumplas con todos esos requerimientos que pusiste ahí también**; no presiones a que tu pareja sea algo que tú no eres. Entiendo, el hombre se supone que sea un líder, pero mi esposo no tenía todo lo que esa lista indicaba. El creció y se desarrolló en este hombre maravilloso que es hoy, y ahora es el hombre de mis sueños y sigue convirtiéndose en un esposo maravilloso. Él todavía está mejorando algunas áreas de su vida y estoy agradecida de tener la gracia de Dios, porque mi esposo me da esa misma gracia en las áreas que tengo yo que mejorar. El crecimiento incluye muchas lágrimas, discusiones, peleas y mucho de "encontrarnos en el medio", así que no creas que el proceso será fácil; si fuese FACIL, el porcentaje de divorcio seria 0%. Si estás cortejando actualmente, deja de criticar a tu pareja porque según tu parecer, él no ha "cambiado lo suficientemente rápido" como para ti. Nosotras no somos perfectas tampoco, sin importar cuán perfecta creamos ser; *Incluso con TU lista, tu enfoque debería siempre estar en Cristo, no en una lista de* *requerimientos.* Mientras que tu futuro esposo tenga alguna de las cosas importantes para ti y ninguna característica negativa con la que no puedas vivir, vale la pena que inicies una relación con él.

Así que escucha al Espíritu Santo mientras te guía. Alguien tal vez tenga todo lo que tú quieres en esa lista, pero tú no terminas de sentir paz con la relación; así que ¿sabes? Él está descalificado. Dios sabe cuál es tu inicio y cuál es tu fin, y tu matrimonio vale la pena mucho más, que un par de brazos musculosos alrededor de tu cuerpo.

Mi Lista de "Requerimientos" en un Esposo (2006)

1. Él debe amar al Señor con todo su corazón, mente, espíritu y fuerza, y amar a sus vecinos como se ama a sí mismo.

2. Él DEBE ser un caballero y abrir las puertas, tomar de mi mano mientras subimos o bajamos escaleras, ayudarme a colocar mi abrigo, ayudarme con mi silla, todo eso y algo más...

3. Él debe escuchar y cumplir con la palabra de Dios, SIN DUDAR. Nada de fingir.

4. Él debe ser inteligente.

5. Él debe de tener un corazón servidor.

6. Él debe entender mis necesidades como mujer y el propósito de nuestra relación.

7. Él debe tener un TRABAJO.

8. Él debe estar financieramente seguro - ¿Cómo voy a comer? ¿Cuáles son sus metas? ¿sus inversiones? ¿sus planes? ¿sus acciones?... necesito ver frutos antes de ver el ANILLO.

9. Deseo no ser besada sino hasta el día de mi matrimonio*** me encanta como ver que esto paso. Nosotros nos besamos por primera vez el día de nuestro matrimonio el 14-8-2010*** Viva Jesús.

10. Él debe buscar el Reino de Dios y compartirlo.

11. Él debe ser atractivo y tener siempre una buena presencia, bien vestido, buen corte de pelo, ejercitarse, una persona muy bien puesta.

12. No puede tener un mal temperamento.

13. Le debe encantar la lectura.

14. Él debe ser alguien seguro de sí mismo.

15. Él debe orar en lenguas y asistir a grupos de oración o estudio bíblico, debe orar a Dios todas las mañanas.

16. Él debe guiarme al Señor, él es el Cristo en el Espíritu y yo soy la Iglesia, debemos caminar lado a lado.

17. No debe intentar tener relaciones sexuales conmigo antes de casarnos, debo ser muy preciada para él.

18. Debo poder permitirme ser yo misma con él, con fallas y todo.

19. Él debe escuchar mi opinión.

20. Él debe tener un corazón puro.

21. NO decir vulgaridades.

22. Él debe tener una manera de pensar positiva.

23. Él debe ser LIMPIO.

24. Alguien que me motive.

25. Cocinar siempre es un bono.

26. Él debe ser afectuoso, mi lenguaje de amor es el táctil.

27. Él me debe CONSENTIR y ponerme a mi primero (después de Jesús)

Mientras veo mi lista, me doy cuenta que habían varios requerimientos egoístas (consentirme, etc.); pero al final del día, esta lista sirvió para tener un "estándar" de lo que yo quería en mi futuro esposo. Honestamente, mi esposo tiene muchas más cualidades de las que están escritas en esta lista, porque Dios se aseguró de darme a alguien que necesitaba, en vez de darme a alguien que yo creía querer. Hubo varios hombres con quienes yo pensaba que me quería casar, pero ahora miro atrás y entiendo porque esas puertas se cerraron.

A pesar que esos hombres eran "buenos" hombres, Dios estaba más preocupado en saber si mi corazón había *sanado* o no de todas esas relaciones que anteriormente había tenido, antes de involucrarme en una relación con el hombre que se convertiría en mi esposo. Te motivo a que dejes que Dios te sane. Él es nuestro sanador y Él quiere volverte a hacer sentir plena. No puedes continuar moldeando tu futuro, basado en todos los hombres que te han lastimado en el pasado. Debes aprender a confiar de nuevo y asegurarte que tu base esta cimentada correctamente.

Miremos más de cerca a los cimientos de tu base como una persona soltera. Cuando tu pasado te comienza a detener, esto es lo que pasa: si tienes una situación difícil en tu vida, en vez de afrontarla y dársela a Jesús para que Él te sane, permites que tu corazón se endurezca. Dices "yo estoy bien, no necesito a más nadie, estoy BIEN"; y luego continuas escondiendo tus penas debajo de tu cama, no te das cuenta que ese espacio debajo de la cama solo puede guardar una cantidad limitada de penas. Después de un tiempo, tu pasado empieza a afectarte en tu lugar de trabajo, en relaciones y en todas las demás áreas de tu vida; empiezas a culpar a otras personas por todo lo que te paso en el pasado. Después, te comienzas a preguntar por qué no puedes funcionar bien en tu relación actual; saltas de amistad en amistad, relación a relación, jefe a jefe y culpas a todos en el trayecto por el DOLOR que tienes en ti, mientras te niegas a confiar en alguien por temor a volver a sentirte lastimada o defraudada. Quieres que las cosas funcionen, pero muy al fondo sabes que no puedes entender cómo hacer que esto pase. Quiero que entiendas que todo esto está pasando debido a que tus cimientos están enfocados en tus experiencias pasadas, y no estás permitiendo que **CRISTO** sea tu base.

"Según la gracia que Dios me ha dado, yo, como maestro constructor, eche los cimientos y otro construye sobre ellos. Pero cada uno tenga cuidado de

cómo construye, porque nadie puede poner un fundamento diferente del que ya está puesto, que es Jesucristo. Si alguien construye sobre este fundamento, ya sea con oro, plata y piedras preciosas, o con madera, heno y paja, su obra se mostrará tal cual es, pues el día del juicio la dejará al descubierto. El fuego la dará a conocer y pondrá a prueba la calidad del trabajo de cada uno. Si lo que alguien ha construido permanece, recibirá su recompensa". 1 Corintios 3:10-14.

¿Qué nos dice esto? Nos dice que nuestros cimientos en la vida serán probados. Si tu cimiento está basado en el dolor que experimentaste en el pasado, va a tener pruebas una y otra vez. Hasta que no permitas que Dios deshaga el cimiento en tu corazón y dejes que el transforme tu interior a su imagen, entonces permanecerás espiritualmente limitada y discapacitada. No puedes seguir intentando involucrarte en una relación nueva si no has superado a tu ex y no has permitido que Dios te sane completamente.

Yo solía ser la mujer en el pozo en el libro de Juan 4:7. ¿Cuántas de ustedes se pueden identificar con ella? Primero, ella era una mujer samaritana a la que miraban con desprecio porque en ese tiempo, los extranjeros y los judíos estaban reproduciendo hijos juntos, y los judíos pensaban que solo debían tener hijos con judíos. Ellos eran odiados y no eran considerados santos. El libro de Juan 4:6, dice que una mujer fue al pozo a sacar agua en el medio día; lo interesante es que había mucho calor en ese momento del día, y la mayoría de las mujeres iban al pozo muy temprano en la mañana para evitar el calor. Esta mujer fue al pozo tarde e iba a cargar con jarras pesadas para evitar recibir burla de las mujeres que atendían al pozo temprano. Asumo que ella era una mujer solitaria, que buscaba valor de sí misma en relaciones con diferentes hombres.

Entonces, ella conoció a Jesús en el verso siete:

> "Sus discípulos habían ido al pueblo a comprar comida, en eso llegó a sacar agua una mujer de Samaria y Jesús le dijo: - dame un poco de agua. Pero como los judíos no usan nada en común con los samaritanos, la mujer le respondió: - ¿Cómo se te ocurre pedirme agua, si tú eres judío y yo soy samaritana? – Si supieras lo que Dios puede dar, y conocieras al que te está pidiendo agua – Jesús contesto -, tú le habrías pedido a él, y él te habría dado agua que da vida. – Señor, ni siquiera tienes con que sacar agua, y el pozo es muy hondo, ¿de dónde, pues, vas a sacar esa agua que da vida? Dijo la samaritana, ¿Acaso eres tú superior a nuestro padre Jacobo, que nos dejó este pozo, del cual bebieron él, sus hijos y su ganado? – Todo el que beba de esta agua volverá a tener sed – respondió Jesús - pero el que beba del agua que yo le daré, no volverá a tener sed jamás, sino que

dentro de él, esa agua se convertirá en un manantial del que brotará vida eterna. −Señor, dame de esa agua para que no vuelva a tener sed ni siga viniendo aquí a sacar esta agua. − Ve a llamar a tu esposo, y vuelve a acá − le dijo Jesús. − Yo no tengo esposo − respondió la mujer. − Bien has dicho que no tienes esposo. Es cierto que has tenido cinco, y el que ahora tienes no es tu esposo. En esto has dicho la verdad, le respondió Jesús."

Tal vez pensarás: "Ella tuvo bastantes esposos" ¿pero cuántos tienes tú?, la Sagrada Escritura no se está refiriendo a un esposo literal, se está refiriendo a los hombres a los que *ella les dio el derecho de su cuerpo como si fuese su esposo, pero nunca se casaron.*

¿Sabes lo que te pasa cuando tienes relaciones sexuales antes del matrimonio, o tienes algún tipo de contacto físico sexual? Estas liberando una hormona que se llama "Oxycotin", y a esta se le refiere como la "hormona de vinculación". Es comúnmente liberada en el acto sexual, o cuando estás amamantando a tu bebé. ¿Alguna vez te has preguntado porque no puedes superar o alejarte de cierta persona, después de haber tenido relaciones sexuales con ellas? ¿Todavía lo sientes apegado a ti y no entiendes porque no puedes deshacerte de esa relación? ¡No puedes permitirte seguir teniendo relaciones sexuales fuera del matrimonio, no vale la pena, nunca vale la pena!

Si continuas leyendo el resto de la historia, te darás cuenta que la mujer del pozo corrió a la ciudad y dijo: *"conocí a un hombre que me dijo todo sobre mi - ¿acaso él no es el Mesías? Juan 4:39.* ¿No es sorprendente como a ella la conocen en la ciudad, como una mujer que tenía muchos novios? Ellos sabían que el hombre con el que ella estaba viviendo no era su esposo; sin embargo, después de su encuentro con el Señor, ¡ella era una mujer cambiada!

Ella corrió a la ciudad y dijo *"conocí otro hombre"*, y la gente prestó atención a lo que ella dijo y la siguió; ella fue transformada por la presencia de Dios. Jesús quiere cambiar tu pasado una vez que de verdad lo tengas en tu presencia. ¡Es momento de ser salvada! ¡La evidencia de ser salvada es que nos mantengamos en la luz! No podemos permanecer en la oscuridad, saltar de hombre a hombre y aun así pensar que pertenecemos al Señor. ¿Acaso no entiendes que esta caminata es más importante que tener un par de piernas en tu cama?

Si tu pareja actual te trata horrible, te abusa mental y físicamente y aun así sigues acostándote con él; hay una posibilidad que eventualmente procrees hijos con él. Después, tus hijos estarán sujetos a las decisiones que tomaste, al negarte honrar a Dios con tu vida, y a un papá que pasa más tiempo en los bares que con sus hijos.

Una vez leí en el periódico "Telegraph Herald," que el deseo número diez en la lista de navidad de un niño era tener un padre; le gano al IPad, computadoras, juguetes, y demuestra lo importante que es tener una relación saludable entre padre e hijo. Mientras continuas teniendo relaciones casuales, tu hijo ve la poca falta de respeto que tu novio tiene por ti y por Dios, y crece con ese ejemplo en su vida. Él o ella cargan consigo la falta de una figura paterna en su vida, y lo demuestran a lo largo de sus vidas. Tú puedes ser una hermosa mujer temerosa a Dios, pero si te involucras con un hombre cualquiera, puedes terminar teniendo un hijo con él. Tu ejemplo impactará de gran manera a tu hijo, pero la manera en como el papá de tu hijo se niega en estar en su vida, lo atormentará siempre, hasta que aprenda lo siguiente: *"Aunque mi madre y mi padre me abandonen, el Señor me recibirá en sus brazos"* Salmos 27:10.

Por supuesto, Dios los puede sanar y todas estas cosas maravillosas; es solo que tal vez vas a sufrir cuando te rehúses a vivir de la manera que Dios quiere que vivas, y lo más probable es que vas a tener que criar a tus hijos sola. Tal vez tendrás que trabajar dos trabajos, tratar de ser mamá y papá, tendrás poco tiempo para ti misma y muchas cosas más. Si te divorciaste y ahora eres madre soltera; no estoy en tu casa así que no sé qué es lo que pasó, pero mi oración por ti es que Dios te provea un hombre que te ayude, sea fuerte y bondadoso, para que él lidere tu hogar. Recuerda que no has sido maldecida si eres una mamá soltera; Dios quiere que tú estés exactamente donde estás, y simplemente está buscando al hombre indicado para ti, que esté dispuesto a vivir en Cristo.

Hablando de padres solteros, quería hablar directamente a las madres solteras. Así que le pedí a mi querida amiga Nadra Cohens; quien fue una madre soltera por seis años antes de conocer a su esposo, que me diera una perspectiva respecto al tema. Creo que es importante incluir esto porque ella es cristiana, ama a Jesús y puede relacionarse con otras madres solteras en este mundo. Aquí está lo que ella tiene que decir sobre el tema de ser padres solteros:

"Instruye al niño en el camino correcto, y aun en su vejez no lo abandonará" Proverbios 22:6, este proverbio grita sabiduría, ¿pero cuántos padres se apegan a esa enseñanza? Si, la mayoría de los padres, Cristianos o no, creen que su responsabilidad más importante es alimentar a los hijos, vestirlos y enseñarles a ser "ciudadanos productivos". Sin embargo, como padres cristianos, nuestro enfoque debe estar en preparar a nuestros hijos para que ellos estén completamente equipados para cumplir con la voluntad de Dios en sus vidas. Esto toma tiempo y dedicación. Vivimos en una sociedad que se mueve tan rápido, donde todo el mundo está constantemente presionado a ser parte de algo. La gran cantidad de compromiso deja poco tiempo para la comunicación; como resultado, la gente gravita al uso de las redes sociales, teléfonos, tabletas y cualquier otro tipo de dispositivo electrónico. En adición, esto limita la calidad de las relaciones interpersonales, si solamente constituyen de esto.

La palabra entrenar significa instruir, o enseñar a ser alguien competente. Intencionalmente o no, los niños son entrenados a través de lo que ven y escuchan. Sé que yo puedo aprender cuando alguien me da instrucciones, o cuando observo sus comportamientos. Puedo recordar como en el pasado veía a niños irrespetuosos en público, y notaba que esto pasaba a causa de falta de influencia de los padres; esto me motivó a prometerme a mí misma que yo sería una madre activa en la crianza de mis futuros hijos. En mi tercer año en la universidad, a la joven edad de 21 años me convertí en madre. Estaba muy lejos de vivir una vida en Cristo y estaba muy centrada en la vida terrenal. Mi mundo cambió drásticamente al dar a luz a mi pequeña niña. Pasé de asistir a la escuela tiempo completo y trabajar medio tiempo, a trabajar y estudiar tiempo completo mientras criaba a mi hija. Fue definitivamente la gracia de Dios que permitió que yo pudiese trabajar con ese horario durante 4 años. Durante ese tiempo, pude terminar de conseguir mi licenciatura; sin embargo, mi mayor logro fue permanecer activa en la vida de mi hija.

Desde el inicio de su vida, he llevado a mi hija a todas partes. Desde visitas al parque, hasta ir a ver shows de Broadway; he hecho todo lo posible e imposible para lograr ampliar su conocimiento del mundo y de igual forma, entablar conversaciones serias con ella. Hay algo por lo cual soy conocida, y es por tener diálogos largos con mi hija y mis nuevos hijos. Esto se volvió más importante cuando le dediqué mi vida a Jesús en el 2006; bien sea hablando con ellos sobre amigos o el show de televisión más nuevo o dándoles consejos y disciplinándolos, mi meta era darles vida a través de mis palabras, y dirigirlos como vivir en la palabra de Dios. Es por eso que el mensaje en Proverbios 22:6 es tan importante "Instruye al niño en el camino correcto, y aun en su vejez no lo abandonará"

¿Quién quiere que sus hijos estén perdidos? A pesar que mi hija puede ser una introvertida, no es una seguidora; ella defenderá su punto de vista y hará lo correcto, e incitará a los otros a hacer lo mismo. Cuando la gente está perdida, buscan copiar la vida de alguien más; ahora que mi niña es una adolescente, dejo que las experiencias diarias sean un ejemplo para enseñarle lecciones. Si presenciamos a alguien siendo tratado injustamente, o no esta vestido adecuadamente en público, le pido su opinión sobre el tema y ambas buscamos maneras con las cuales la situación pudo haber sido resuelta más efectivamente. Le permito pensar en la solución mientras está conmigo y confió en la decisión que ella tome cuando no estoy a su alrededor.

Mi hija ha desarrollado su carácter a través de su percepción sobre mí y de las otras personas que he incluido en su vida. Un sistema de apoyo saludable en el crecimiento de tu hijo, produce un carácter bien balanceado. Como madre soltera, no hubiese podido lograr todo lo que logré de no haber sido por el apoyo de familia y amigos.

Es muy importante ser selectivo de las personas que permites que rodeen a tus hijos. Mientras pasas más tiempo con una persona, más permites que ella moldee tu manera de pensar. Quieres rodearte de personas que tengan creencias cristianas, para que ellos motiven a tus hijos a acercarse más a Cristo y no a alejarse de Él. Esta es una de las razones por las cuales quieres que Cristo transforme tu vida diariamente, para que tú seas la influencia primordial en la vida de ellos. Como madre soltera, van a haber momentos donde no vas a poder tener mucho control de la gente que rodea a tu hijo cuando ellos están con el otro padre; sin embargo, puedes contar con el hecho de que el buen trabajo que has hecho en la crianza de ellos, no va a ser en vano. Sé que hubo momentos donde yo no sabía a qué estaba siendo expuesto mi hija, pero me permití descansar en Dios sabiendo que Él iba a completar lo que yo había empezado con mi hija. La clave de criar a tu hijo exitosamente es tener paz. Debes permitir que la paz gobierne tu hogar.

Salmo 34:14 dice *"apártate del mal y haz el bien, busca la paz y esfuérzate por mantenerla"*

Mi relación con el papá de mi hija y su familia es descrita por muchos como "anormal". Uno pensaría que por el simple hecho de no tener drama y de llevarnos todos bien; al punto que nuestras familias, incluyendo nuestros esposos e hijos, pueden estar bajo un mismo techo sin ningún incidente, significa que somos anormales. Ese es nuestro "normal". Lamentablemente, muchas de las personas que son padres solteros no experimentan este ambiente. Muchos experimentan drama con el otro lado de la familia, e incluso tienen amarguras y dolor. Cuando escoges a tu hijo como prioridad, incluso encima de tus emociones y sentimientos, es cuando te aseguras de criar a un niño muy amado y bien formado.

Esto no pasó de la noche a la mañana. Por supuesto que su padre tuvo que tomar decisiones propias, y yo tuve que escoger mis batallas y no pelear con él por cada pequeño detalle. Si mi hija no iba a estar en peligro, o no comprometía su crianza cristiana, yo permitía que su papá tomara el control en algunas de las actividades donde ella participaba. Hubo momentos en que la gente pensaba que se estaban aprovechando de mí; sin embargo, yo sabía que la gracia de Dios se manifestaría a través del amor *y la oración, y que mi fe nunca decaería porque sabía cuánto amor Cristo tiene por nosotros y que Él se encargaría de cambiar los corazones de todas las personas involucradas.*

Así que si te convertiste en una madre soltera por un embarazo no planeado, o porque acabaste tu matrimonio con tu esposo, quiero que sepas que Dios todavía tiene un plan en tu vida; es uno que está diseñado para el bien, y no el mal. Te recomiendo que te mantengas firme en Dios. No permitas que las opiniones de las personas condenen tu mundo a través de acciones o palabras. Tu vida no es la única que está en la línea; tienes que mantenerte comprometida al regalo que Dios te dio en tu vida. Dios te dará sabiduría y gracia para criar a tus hijos, hasta que un hombre de bien entre en tu vida.

Con eso dicho; y dicho de una manera tan maravillosa, déjame regresar a la alegría de ser soltera. Debemos recordar que casarnos con un individuo que se niegue a vivir en Jesús no solo afectará tu vida espiritual, sino que también afectará a tus futuros hijos, porque tu esposo les enseñará la misma rebeldía que él tiene hacia Dios. Hermana, tienes que ser paciente y confiar en el tiempo de Dios. A veces nos apresuramos a entrar en relaciones porque tenemos miedo que Dios se olvidó de nosotras. ¿Quién te dijo que Dios se olvidó de ti? ¿Qué shows has estado viendo? ¿Qué estadísticas has estado estudiando?, has estado creyendo una mentira que va a dar fruto cuando entres en una relación casual.

Cuando la persona que Dios ha designado para ti entra en tu vida, ellos respetarán y honrarán a Dios primero, lo cual resultará en ellos respetándote y honrándote a ti también. Por favor no consideres entrar en una relación con una persona que es un cristiano carnal o una persona que no tenga una relación con Jesús; te garantizo que es mucho más fácil empujar a una persona fuera de la silla, que subirla sobre la silla. Si esa persona no tiene una relación con Cristo, te puedo asegurar que terminarás siendo su "dios" o su "ídolo"; dependerán de ti para arreglar todos sus problemas y para curar todos sus dolores. ¿No sabes que solo Dios puede curar los problemas de tu pasado, y los de él también?

¿Por qué estás dependiendo de que un hombre haga lo que solo Dios puede hacer?; hay un vacío muy dentro de ti que solo puede ser nutrido por el Espíritu Santo. Puedes intentar solucionarlo con una mujer, un hombre, drogas, ir de compras, pornografía, masturbación, homosexualidad, sexo, o cualquier otra cosa; pero estoy aquí para decirte que todas estas cosas por las que estás pasando, tienen un destino final.

Después de que todo está dicho y hecho, te despertarás la siguiente mañana, mientras la culpa y el arrepentimiento albergan tu corazón, y luego lo harás todo de nuevo. ¿Sabías que la locura es hacer algo una y otra vez y esperar resultados diferentes? ¿Qué estás haciendo diferente hermana mía?, tienes que ir a la Palabra de Dios y ver que tiene que decir sobre tu situación actual; si vas a ser una cristiana ¿Por qué no convertirte en una cristiana auténtica?; si estás haciendo esto a medias, tendrás un pie en el mundo y otro en el Reino y ¿adivina qué?, ambos se cancelan y Satanás disfrutará atormentarte mientras continuas dejándole la puerta abierta a él.

Como soltera, tu enfoque debe estar en desarrollar tu relación con Cristo; para así poder traer el fruto del Espíritu a la mesa de tu futuro matrimonio. Se te debería hacer fácil identificar a un hombre que no tiene el corazón en Cristo, por el nivel de intimidad que tienes con el Padre Celestial. Si no estás pasando tiempo con Dios y estás pasando tu tiempo con este mundo, por supuesto que desearás tener a un hombre con el corazón de este mundo; así que deja de decir que quieres un buen hombre cristiano, si no estás dispuesta a ser una buena mujer cristiana. Empecemos a vivir este caminar y desarrollar frutos en el Espíritu como la paciencia, el amor y la alegría; para que cuando te cases, no pongas toda la responsabilidad en tu esposo y no esperes que él solo, "los haga feliz a los dos".

Te voy a contar un secreto hermana: si pones toda tu esperanza en que tu esposo te haga feliz, entonces *él nunca podrá satisfacerte*; él se romperá la espalda tratando de satisfacerte, e incluso así, tú te seguirás quejando porque nunca nada será suficiente. Ese sentimiento que tienes en tu interior, es descontento. Ese sentimiento que te dice que tienes que mantenerte a la par de los demás, o con los programas que ves en la televisión, está siendo desarrollado por algo negativo que estas permitiendo que entre en tu corazón. Solo Dios puede ir al fondo de tu corazón malvado y arrancar toda esa basura de ahí. La Biblia nos dice *"Mantén tu mirada en lo alto, y no en la tierra"* Colosenses 3:2. Si estás envidiando al mundo y lo que hay en él, ¿cómo puedes decir que tu vida pertenece al Padre? Si realmente quieres a Dios, perseguirás las cosas que son eternas y no lo que es temporal. No sé tú, pero yo estoy desesperada por Dios. Estaba desesperada de tenerlo mientras era soltera, mientras cortejaba, al estar comprometida y lo estoy en estos momentos, como una esposa. Tu amor y hambre por Dios nunca deberían cambiar, sin importar cuál es tu estado civil; solo deberías sentir que lo necesitas más y más mientras pasas tiempo a diario con Él. A raíz de eso, nacerá una relación maravillosa que te permitirá ver los frutos que tu árbol está dando. Pregúntate, ¿Qué estás trayendo a la mesa de tu matrimonio, adicional a tus caderas y tu lápiz labial?

9
LA ALEGRÍA DE SER CASADA

Yo adoro el matrimonio. No, en serio, adoro estar casada con Cornelius. Veo a mi esposo como un regalo hermoso de Dios para mí y mientras me someto a mi esposo, me someto a Cristo. Cuando estás completamente enamorada de Jesús, es más fácil amar a otros con el amor que Dios te da, porque estás siendo amada por Dios con mucha intensidad.

Conocí a mi esposo cuando atendíamos a la misma iglesia en el 2007. Él era el asistente de nuestro pastor en ese entonces, y siempre se veía tan serio en sus trajes europeos; ¡Nunca sonreía! Hablábamos a veces, pero tuvimos una oportunidad de hablar cara a cara el 3 de enero del 2009; y después de pasar tan solo 15 minutos en nuestra charla, sabía que me iba a casar con él y viceversa. Yo, por supuesto, no le dije que él iba a ser mi esposo, pero llamé a mi madre al respecto. Mi madre me dijo que me calmara y le expliqué que ¡en serio había conocido a mi esposo y él era mi alma gemela! Damas, JAMÁS recomiendo decirle a un hombre: "Dios me dijo que tú ibas a ser mi esposo". Deja que ese hombre se "entere" y te diga lo que el Señor le dijo; tu espíritu coincidirá con él, si eso es lo que Dios también te dijo a ti.

En ese entonces, Cornelius vivía en Atlanta y yo en Nueva York. El venía a Nueva York ese miércoles por motivos de trabajo (el venía a esta ciudad 3 a 4 veces al mes), así que me invitó a una cita; ¡Estaba tan emocionada! Para ese entonces, nosotros estábamos hablando sin parar por mensajes de textos y llamadas telefónicas; era como si estábamos tratando de ponernos al día por todos esos años que pasamos sin la compañía del otro. Siempre relaciono esa emoción que sientes cuando conoces a una persona por primera vez, a la emoción que sientes cuando conoces Cristo por primera vez después de ser salvada. Cuando Jesucristo me salvó, empecé un diario donde escribía "Querido Papi", y le escribía a Dios durante el día. Hablaba con el sin parar, teníamos noches de cita, y tenía muchas intenciones de conocerlo más profundamente. Me había perdido de tantos años sin la compañía de Dios.

Ok, de nuevo a la historia; salimos a nuestra primera cita en Nueva York, y nos encontramos en el edificio Time Warner en el centro de la ciudad. Te seré honesta, nuestra primera cita no fue la cita más romántica ni la mejor "manera de impresionarme"; de hecho fue bien mala si Cornelius estaba intentando "sorprenderme", pero claramente, ese no fue el caso. En Nueva York, tuvimos que caminar muchas cuadras, y cada vez que cruzábamos la calle, se suponía que él estuviese en el lado más cercano a la calle, actuando como el "protector". Por supuesto, Cornelius siendo de Atlanta y teniendo en cuenta que ellos manejan para todos lados allá, no tenía idea de lo que tenía que hacer cuando caminábamos juntos por la calle. Luego, me tropezó e hizo que casi me ¡callera en un bote de basura! Él me pedía disculpas a cada momento, pero me pareció que fue muy gracioso. Después, fuimos al restaurant ¡y no me abrió la puerta!, me paré en la puerta y le pregunté: "¿La vas a abrir?" Voy a excusarlo diciendo que tal vez estaba nervioso, pero dudo que ese fuese el caso; en realidad, creo que no tenía idea como lidiar con una mujer que tenía estándares. No estoy tratando de alardear, pero para ese entonces, ya yo había pasado por todas las relaciones casuales, había dejado de perder mi tiempo y le había dado todo mi corazón a Cristo. Sabía que quería a un caballero, y me enteré con el tiempo que podía estar con Cornelius, a pesar de nuestra primera cita.

Cuando por fin nos sentamos a comer en un restaurant vegetariano, ¡nos divertimos mucho! Nos reímos y hablamos por 3 horas, mientras el probaba comida que sus papilas gustativas sureñas jamás habían probado. Nos reímos cuando estábamos hablando sobre el inicio de la cita, y me dijo que no estaba intentando ser algo que no era para impresionarme; me dijo que era él mismo, fallas y todo. Él sabía que no era perfecto, y no quería presentar un estándar falso de él para hacerme pensar que era perfecto, porque él quería que supiera que no estaba ni cerca de serlo. Cuando estábamos sentados ahí comiendo, me preguntó si estaba lista para casarme y si estaba dispuesta a mudarme a Atlanta (ten en cuenta que habíamos estado hablando sin parar todos los días anteriores). Su cuestión era ¿para qué perder mi tiempo si no estás lista para casarte o para irte de Nueva York?

Después de que él pago por la cena, fui al baño y al salir él me dijo: "he estado hablando con el Señor, le pregunté ¿Cómo terminar esta cita?; le expliqué que te iba a besar y enviarte a tu casa, pero el Señor me dijo que no te pertenecía Heather; y solo te pertenecería cuando pagara el precio por ti, y ese precio era el matrimonio" ¡WOW! ¡Esto era lo que le había pedido a Dios en el 2005! ¡Un hombre que no me besara hasta el día de nuestra boda! ¿Sabes cuánto significo para mí conocer a un hombre que no me besara hasta casarnos? Me sentí tan preciada, tan protegida por Dios – tan amada por él. Tal vez sientas que es imposible conocer una persona así, pero si es un deseo muy fuerte en tu corazón, Dios lo hará realidad con tu ayuda.

No le puedes pedir a Dios que te dé un hombre que no te bese, y lanzártele en los brazos, utilizando escotes bajos y hablando de las "cosas" que le harás cuando lo veas. Por favor entiende que incluso nuestras conversaciones glorificaban a Dios; no estábamos interesados en satisfacer nuestra carne, queríamos que todos nuestros actos honraran al Señor.

Desde ese punto en adelante, impusimos limites (los cuales discutiré más adelante en el libro) pero alguno de ellos incluían: no quedarnos hablando por teléfono tarde en la noche, no podíamos pasar la noche juntos, no podíamos acariciarnos, no podíamos ver películas juntos (sabes bien que cuando las luces se atenúan en el cine, quieres acercarte y abrazarte con él) y algunas otras cosas. Cuidamos nuestros corazones como no te lo imaginas, y protegimos nuestra relación.

¿Fue difícil? ¡Fue absolutamente una de las cosas más difíciles que he tenido que hacer!; porque cuando no estás siendo física con una persona, comienzas a desarrollarte emocionalmente con ella y te expones a tu pareja. Ver todos mis problemas y defectos no fue lo más lindo que he visto, pero Dios estaba conmigo en todo el trayecto ayudándome.

Empecé a respetar y a honrar a Cornelius desde las etapas tempranas de nuestra relación; de hecho, incluso lo estudié (motivo a las esposas y futuras esposas a estudiar a sus esposos). Pensarás que el matrimonio es todo sobre ti, y de asegurarte que tu esposo te haga feliz; pero si esta es la manera en que piensas, no deberías casarte. Si esta es la manera en que piensas y ya estás casada, hermana, debes cambiar. Si, hermana, debes cambiar, porque si tu matrimonio se trata solo sobre ti, entonces lo más probable es que no se trata de nada en Cristo. Te vas a perder de las más hermosas experiencias del matrimonio teniendo un espíritu de Jezabel; controlando a tu esposo mientras te quejas que nada es lo suficientemente bueno para ti.

La historia de Jezabel puede ser encontrada en el libro 1 y 2 de Reyes. Ella era la hija de Et Baal, Rey de los Sidonios y sacerdote del culto de Baal, un cruel, malvado y repugnante dios falso, cuya devoción incluía actos sexuales y obscenidades. Acab, el rey de Israel, se casó con Jezabel y llevó a la nación a adorar a Baal (1 Reyes 16:31) El reinado de Acab y Jezabel sobre Israel fue uno de los capítulos más tristes en la historia del pueblo de Dios.

Hay dos incidentes en la vida de Jezabel que la caracterizaron, y definen lo que queremos decir cuando nos referimos al "Espíritu de Jezabel". Una característica es su pasión obsesiva de dominar y controlar a otros, en especial en el reino espiritual. Cuando se convirtió en reina, comenzó una campaña para eliminar de Israel cualquier evidencia de adoradores de Jehová. Ella ordenó que desaparecieran a todos los profetas del Señor (*1 Reyes 18:4-13*); y remplazó sus altares con altares nuevos adorando a Baal.

Su enemigo más fuerte fue Elías, quien la retó a una competencia en el Monte Carmelo para demostrar los poderes del Dios de Israel, y los poderes de Jezabel y el Sacerdote de Baal (*1 Reyes 18*). Por supuesto, Dios ganó, pero incluso al ella presenciar los poderes maravillosos de Dios, Jezabel se negó a arrepentirse y juró en nombre de sus dioses que ella perseguiría sin cansancio a Elías y tomaría su vida. Su terquedad en rendirse a los pies del Dios viviente, la llevaría a su horrible final (*2 Reyes 9 29:37*).

El segundo incidente involucra a un hombre de bien llamado Nabot quien se negó a venderle a Acab una tierra que colindaba con su palacio, declarando que vender su herencia estaría en contra de lo que Dios le había encomendado (*1 Reyes 21:3, Levítico 25:23*). Acab se sentó en su cama furioso y triste; ante ello, Jezabel se burló de su debilidad, y luego se aseguró de incriminar al inocente Nabot y a sus hijos, condenándolos a morir a pedradas y de esta forma, asegurarse que no quedaran herederos y la tierra terminara siendo posesión del Rey. Qué manera tan maléfica de salirse con la suya, sin importar quien está siendo destruido en el proceso.

Esta es conocida como una de las características del espíritu de Jezabel. Tan infame era la manera de adorar a los dioses de Jezabel, que el Señor Jesús se refirió a ella directamente en una advertencia que dio a la iglesia en Tiatira (*Apocalipsis 2:18-29*). Refiriéndose a una mujer que influenció a la iglesia de esa misma manera; como Jezabel influencio a Israel a caer en la idolatría y sexualidad inmoral, Jesús le dijo a la gente de Tiatira que ella no podría ser tolerada. Quien sea que esta mujer fue, como Jezabel, se rehusó a arrepentirse de su vida y sus falsas enseñanzas, y su destino fue sellado. El Señor la condenó a una cama en enfermedad, al igual que a todas las personas que cometían idolatría junto a ella.

El fin para esas personas que siguen el ejemplo del espíritu de Jezabel, siempre será muerte y destrucción; ambos en un sentido físico y espiritual. La mejor manera de definir el espíritu de Jezabel, es decir que es cualquier persona que actúa de la misma manera que ella lo hizo; sometiéndose a inmoralidad, manipulación, idolatría, falsas enseñanzas y cometiendo pecados sin arrepentirse. Tu tal vez no te comprometas en inmoralidades o des falsas enseñanzas, pero ¿tal vez manipulas secretamente a aquellos que están a tu alrededor para que hagan las cosas a tu manera, mientras te ríes internamente? O ¿tal vez manipulas a tu esposo porque no crees que él sea lo suficientemente audaz como para descubrir que es lo que estás tramando, y lo haces una y otra vez?

Hermana, te pregunto ¿Qué tienes en tu corazón? Rezaste sin cesar para conseguir a un esposo, y ahora que por fin el Señor te lo ha entregado, te propuso matrimonio y se casó contigo; ¿tu único enfoque es que tus necesidades se cubran? Hermana, te estoy diciendo que SIRVAS a tu esposo, te estoy diciendo que identifiques cuáles son sus necesidades y las cumplas, especialmente cuando estás cansada, agotada o cualquier otra cosa que te haga sentir que es inconveniente servirle a él.

Esta no es una "ley" que indica que debes ser pisoteada como una alfombra, porque de ninguna manera te estoy diciendo que dejes que tu esposo te pisotee mientras trabajas, cocinas, limpias etc.; no te estoy pidiendo que seas su sirvienta, te estoy pidiendo que seas sensible con el Espíritu Santo mientras te guía y te lidera. Como te mencione anteriormente, cuando pienses en el matrimonio, quiero que pienses en la palabra "morir". Muere diariamente y revive con el corazón enfocado a Cristo.

Por algunos años he aprendido los pensamientos de Cristo; luego, entendí que tenía que aprender cómo pensaba mi esposo. Era muy importante para mí saber cómo servirle en totalidad y con excelencia, pero ¿Cómo puedes servirle a alguien que no conoces? Si lees *Tito* 2, dice que las esposas son las "cuidadoras del hogar" – constantemente cuidando de sus casas. ¿Cómo puedes ser cuidadora de tu hogar, si no estás en sintonía con las necesidades de tu esposo? Tal vez estarás pensando: "Heather, estás haciendo mucho en estos momentos, suenas muy loca, ¿Qué hay de mí?"; ¡ese es el problema!, estás tan enfocada en ti y en satisfacer tus necesidades, que te has vuelto egoísta y miras a tu matrimonio como si todo fuera enfocado en ti. Por eso es que no estás experimentando la belleza del matrimonio que nace del amor incondicional.

Yo estudiaba a mi esposo y cuando compartía conmigo algo que le molestaba de una conversación, tomaba notas en mi cabeza para asegurarme de no hacer en un futuro, lo que sea que le haya molestado en ese momento. Por supuesto, no soy perfecta, pero estaba determinada a tener un buen matrimonio y a asegurarme de estar cumpliendo con mi parte. No quería que mi esposo quisiera estar un momento de su día sin mí porque yo era una esposa que se "quejaba" mucho. Por supuesto, mi esposo también tenía un rol que cumplir, pero yo no estaba preocupada de su rol; estaba preocupada del mío, porque sabía que yo no podía cambiar a mi esposo, pero podía cambiarme a mí misma. *"Ahora bien, quiero que entiendan que Cristo es cabeza de todo hombre, mientras que el hombre es cabeza de la mujer y Dios cabeza de Cristo"* (1 Corintios 11:3)

Quiero que te imagines esto conmigo. Solo con propósitos de ilustración, imagina que te han cortado la cabeza; ahora, corta la cabeza de tu esposo. ¿A dónde va la cabeza de tu esposo?; va donde estuvo tu cabeza una vez. Los dos son parte de un solo cuerpo y una mente, con un corazón deseoso de satisfacer a Cristo. Tu esposo ahora necesita una cabeza, porque su cabeza ahora está en tu cuerpo. ¿Qué va entonces donde anteriormente estaba la cabeza de tu esposo? La cabeza de Cristo. Ahora que te visualizas esto, querrás ser sumisa y servir a tu esposo como servirías a Dios – no digo con esto que tu esposo es tu "dios", pero cada vez que tu esposo te saque que quicio, recordarás que tan paciente, dulce y lleno de gracia es Dios contigo, mientras miras a la cara de Cristo. Esto te ayudará a evitar querer cambiarlo cada tres minutos y te obligará a mantener tus ojos en el cielo y no en la tierra (*Colosenses 3:2*).

¿Qué pasa ahora con tu cabeza?, esta es utilizada para criar a tus hijos, dedicarte a ellos y educarlos; aunque en este caso, tu esposo todavía tiene la autoridad total sobre tu hogar como el líder. Esto no es algo que invente yo; esta es la autoridad que Dios ha puesto en práctica. Tal vez no te guste, tal vez me mirarás con enfado y pensarás que soy débil; pero llámame lo que quieras, yo se la fortaleza que toma ser sumisa a su esposo y morir a diario para revivir en la imagen de Cristo.

Cualquier mujer se puede quejar, gritarle a su esposo o ignorarlo; pero una mujer con el corazón de Dios busca a Dios, es sumisa a su esposo y le sirve como sirve a Dios. Hablaremos sobre la sumisión luego, pero estoy tratando de compartir contigo el secreto de cómo amar a Dios verdaderamente. Si realmente lo amas como dices que lo amas, ese amor incondicional que tienes con Dios se derramará en tu matrimonio. Así que dime esto ¿Cómo le hablas a tu esposo? ¿Lo traes abajo con la esperanza de hacerlo crecer?; tal vez viste ese ejemplo en tu madre, quizás fue soltera o muy independiente y tubo que proveer para la familia, así que tal vez no respetaste a los hombres mientras crecías; sin embargo, incluso si este es el caso, es tiempo de cambiar. Es tiempo que te confrontes a ti misma y seas honesta con Dios y le digas que eres una mujer controladora, de voz altanera y que necesitas ayuda.

Créeme, yo voy a Dios diariamente y le pido ayuda. Le digo todas mis debilidades y no tengo miedo de hacerlo, porque en medio de ellas, ¡El Señor es mi fuerza! Sé que Él me ayudará; es nuestro Salvador, Él puede salvarnos de nosotras mismas y salvar a nuestro matrimonio. Dios te puede ayudar con tu esposo, porque Él lo creó. Si por fin empezaras a confiar en Dios, comenzarías a ver los cambios. Así que muerde tu lengua y dite a ti misma que debes callarte más a menudo, no tienes que responder a cada detalle que tu esposo te diga, y crear grandes batallas en tu hogar.

Hace poco a mi esposo le removieron las cordales y yo lo estaba cuidando, porque estaba experimentando mucho dolor. Estaba corriendo para arriba y para abajo, haciéndole puré de papa, puré de manzana, sopas y cualquier otra cosa que él quisiera. Un día, yo le cociné algo y se lo traje a la cama, él miro el plato de comida y me dijo: "¿Dónde está el resto de la salsa?, yo quería que mezclaras la salsa, no que la pusieras encima". Ok, en ese entonces tenía casi siete meses de embarazo, había estado corriendo para todos lados asegurándome que "Pinky Promise" estuviese funcionando como debía, había pasado todo el día en reuniones y estaba exhausta. Al ver su reacción pensé: "lo menos que puedes hacer es mezclarla tú mismo y agradecerme por haberte cocinado esta pasta Alfredo"; pero en vez de decirle eso, le coloqué la comida en su bandeja, se la entregué y me fui al otro cuarto a tener un momento a solas. ¿Qué era lo que verdaderamente quería hacer? Quería tirar la comida al piso y decirle, "más te vale estar agradecido que te estoy cocinando mientras actúas como un gran bebe" (mi antigua yo lo hubiese dicho). Pude haber explotado y haberle dicho lo exhausta que estaba, como me parecía tan mala su falta de agradecimiento; pero preferí morder mi lengua. A veces tenemos que preguntarnos: ¿vale la pena pelear por esto? ¿De verdad vale la pena?, o ¿más bien escojo mis batallas y dejo que esta pase? Debemos aprender a reconocer cuando callarnos, puesto que esto le da al Señor una oportunidad de mostrarle a nuestros esposos que es lo que está pasando. Esto también aplica para las parejas que están cortejando y los novios comprometidos; si siempre tenemos algo que decir, nunca le daremos a Dios la oportunidad de mostrarle a nuestro hombre nada, porque ellos van a estar muy agobiados con nuestras palabras, como para escuchar lo que Dios tiene que decirles. Después de que él se empezó a sentir mejor, pudimos hablar más de sus dientes y lo exigente que se volvió en ese periodo. Él se disculpó conmigo y luego nos reímos al respecto. Aprendí a comprenderlo en su dolor, y él aprendió como tratarme en medio de su dolor.

Han habido ocasiones donde gente nueva entra en nuestras vidas, y si el Señor me da una advertencia en mi corazón sobre alguien, comparto esto con Cornelius rápidamente. Si una mujer empieza a mostrar interés romántico por mi esposo, primero lo consulto con Dios y luego hablo con mi esposo al respecto; no me siento a debatir con mis emociones. Yo me siento muy segura de mi matrimonio y sé que "todas las mujeres en el mundo" no están enamoradas de mi esposo; sin embargo, han habido uno o dos casos desde que Cornelius y yo hemos estado juntos, donde le he dicho que no me siento cómoda con el interactuando con ciertas damas; incluso si esta comunicación es solo con motivos de negocios. Cuando esto pasa, le informo que yo preferiría que ellas se comunicaran directamente conmigo. Yo cuido de mi casa, y sé que puedo percibir cosas que tal vez él no pueda percibir cuando se trata de este tema. Firmemente creo que Dios nos dio a las mujeres un radar interno; no para manipular a nuestros esposos emocionalmente, pero si para analizar esas advertencias que Dios nos da, ofrecerlas a Jesús y obtener discernimiento para saber cómo relacionarnos con aquellas personas que nos rodean regularmente.

Todo esto que mencioné anteriormente también aplica para las amistades masculinas. Por ejemplo, un conocido de mi esposo quería iniciar un negocio con nosotros. Le dije a mi esposo que no confiaba en ese individuo y que tenía un mal presentimiento sobre todo esto, por lo cual no creía conveniente involucrarnos en este acuerdo. Tiempo después, nos enteramos que todos esos planes que el amigo de mi esposo nos había planteado, habían sido parte de un fraude y de haber invertido nuestro dinero con él, nos habrían robado cada centavo.

Por otro lado es importante recordar que cuando no estás en la presencia de tu esposo, debes respetarlo en todo momento. *"Recuerda que eres la Corona de tu esposo"* Proverbios 12:4. Eres un reflejo de él, así que es muy importante que escuches sus opiniones y te esfuerces en complacerlo, en vez de intentar complacer a las demás personas a tu alrededor como hacías cuando eras soltera. Esto no significa que tienes que hacer solo lo que él te diga (ten presente que todo debe estar entre los límites de la vida cristiana, trayendo la gloria a Dios). Ojala hayas estudiado a tu entonces novio, para de esa forma asegurarte, que no sea un hombre controlador ni dominante.

Mi esposo me ama como Cristo ama a su Iglesia, lo veo constantemente esforzándose para asegurarse que yo tenga lo mejor de lo mejor; sin embargo, en el principio de nuestra relación, no vi esa misma actitud dadivosa. Puedo ser transparente contigo y decirte que a pesar que en aquel entonces cuando éramos novios él tenía todas las características básicas que yo quería en un hombre, todavía veía que era un poco egoísta. Él nunca había estado en una relación ordenada por Dios, así que no entendía lo que era ser amado incondicionalmente por su novia. Mientras estábamos cortejando, el Señor me dijo que amara a Cornelius con mucha intensidad y que continuara rezando por él, implorando por él y tuviera la convicción que todo iba a salir bien. El Señor me dio instrucciones específicas en mi vida de soltera, al igual que cuando estaba comprometida y lo sigue haciendo ahora, incluso después de casada.

No te estoy diciendo que ames a un hombre con un corazón malvado o un criminal, sino que te dejes guiar por Dios en tus relaciones y que Dios sea el que escoja quien es la persona indicada para ti.

Si estás casada y todavía no ves que tu esposo "muere a diario" por ti, te pido que plantes esa primera semilla en su corazón y empieces a servirle. Sé que no quieres escuchar esto, sé que tal vez pensarás que te estoy diciendo que seas débil, pero como te dije anteriormente, no hay nada débil cuando se trata de amar a lo que es difícil amar. Yo considero que Cristo es el ejemplo perfecto; Él te amó incluso cuando lo odiabas e incluso cuando decidías venerar a otro "dios" que no fuese Cristo. Tomemos esa misma gracia que Dios nos da todos los días y seamos humildes al servir a nuestros esposos. Poco tiempo pasará cuando podrás ver como tu esposo te sirve a ti, luego de haberle dado tú, un ejemplo tan hermoso de cómo hacerlo.

10
SUMISIÓN

Esta es una palabra muy aterradora para algunas mujeres. La primera vez que la escuché, fue como si alguien me estuviese haciendo tragar ácido ¡y no estoy exagerando! Me asustó mucho, porque yo había trabajado en lugares como Island Def Jam, Universal Music Group y en la televisión; donde solían regir mujeres fuertes, independientes y solteras. Nunca respeté a los hombres en general; y de la noche a la mañana, vi que tenía un anillo en el dedo, estaba comprometida y asistiendo a un consejero prematrimonial. Yo ya había sometido mi vida anteriormente a Dios cuando estaba soltera, así que sabía que "podía hacer lo mismo" con mi esposo al casarme. La verdad es que, ser sumisa me tomó mucho trabajo, mas una tonelada de ayuda de parte de Dios, porque sin Él, estaba completamente perdida.

Recibí un hermoso ejemplo de sumisión de parte de mi madre. Ella se quedaba en la casa con nosotros, cuidaba a niños sin hogar y además cuidaba a mi padre. Él trabajó tiempo completo en la Ford durante 25 años, y dejó que mi madre fuese la que se encargara de nosotros, porque al él llegar del trabajo, estaba muy cansado como para tomar las riendas del hogar.

Aun cuando veía que mi madre era sumisa a mi padre, vi como él le daba a ella el rol de cuidar y administrar la casa; gracias a esto, siento no haber tenido un buen ejemplo de lo que significaba ser un "Líder" como papá cristiano.

Asistíamos a una iglesia cristiana todos los domingos. Era una de esas "Iglesias Unidas en Cristo" bien conservadoras, donde las enseñanzas no tenían mucha sustancia y el único requisito para conseguir la salvación eterna, era concurrir a la iglesia todos los domingos y ser "buena persona". Nunca supe que buscar en mi futuro esposo, porque mi papá nunca me mostró como debía ser tratada. De ninguna manera lo estoy culpando (el murió en el año 2000), más bien lo adoro con todo mi ser; además, me atrevo a justificar todo esto, ya que él estaba criando 24 hijos de tres distintas generaciones. Él quería vivir la vida de un "soltero", mientras que mi mamá quería tener un millón de hijos. Por lo visto, mi mamá ganó esa batalla.

Cuando llegue tu momento de casarte y estés en el altar, escucharás al pastor decir: "Esposas, sométanse a sus esposos, como sus esposos se someten a Cristo". Tú sonreirás y luego escucharás cuando él te pregunta: "¿Prometes cocinar, limpiar y ser una excelente esposa?". En ese momento, mientras te bajan las lágrimas por el costado de tus mejillas, mirarás a los ojos de tu futuro esposo, mirarás las caras de tus familiares y amigos rodeándoles en tu ceremonia; pensarás en los miles y miles de dólares que gastaste en tu boda y con toda emoción dirás: "¡SI, HARÉ LO QUE SEA PARA HACER FELIZ A MI ESPOSO, PORQUE LO ADORO!"

Una vez que tengas esa buena discusión en la luna de miel, pensarás: "¿Sumisión? ¡Por favor!, él no me dirá que hacer, porque a mí nadie me dice que hacer, no me someteré a ese tonto"; te sacará de quicio y querrás nunca haberte casado con él. Notarás que él querrá pasar más tiempo solo en su cuarto o pasar más tiempo con sus amigos, comerá de todo y no limpiará el desastre que dejó. ¡Te sentirás como su madre! Seis meses después, ustedes tendrán otras discusiones, donde mirarás a tu esposo y te dirás "Estoy atascada con él para siempre; Dios, tienes que ayudarme". ¿Crees qué es mentira y que esto tal vez no te pase a ti?

Quisiera darte algunos ejemplos sobre la sumisión que podrás encontrar en la Biblia, para que veas que no estoy fabricando estas historias en mi cabeza: *"Incluso antes de que el pecado entrara al mundo, el principio de Jefatura existió"* (*1 Timoteo 2:13*). Adán fue creado primero, Eva fue creada como su "ayudante" (*Génesis 2:18-20*); pero como no había pecado en el mundo, no existía autoridad que no fuera otra sino obedecer al Señor. Cuando Adán y Eva desobedecieron a Dios, el pecado entro en el mundo y ahora la autoridad era necesaria; así que Dios estableció la autoridad requerida, para hacer cumplir las leyes de la tierra e igualmente, para ofrecernos la protección que necesitábamos.

Primero tenemos que someternos a Dios, lo cual es la única manera en que verdaderamente le podemos obedecer (*Santiago 1:21; 4:7*). En *1 Corintios 11:22-3*, vemos que el esposo se debe someter a Cristo, de la misma manera en que Cristo se sometió a Dios. El verso continuó diciendo que la esposa debe seguir su ejemplo, y someterse a su esposo. He dicho esto anteriormente: si no te estás sometiendo al Señor Jesús ahora (lo resistes constantemente, estás descontenta, celosa, molesta y brava); verás como esas emociones se van a amplificar 100 veces más al estar casada. Te revelarás ante el liderazgo de tu esposo, a pesar que Dios fue el que los unió. Estarás celosa de los matrimonios de otras personas, mientras te niegas a hacer el esfuerzo necesario, para desarrollar tu propio matrimonio.

La gente siempre me dice: "Heather, quiero tener tu matrimonio", ante lo que pienso: ¿sabes acaso, cuánto trabajo implica tener este matrimonio?, ¿sabes cuántas veces le he implorado al Señor por mi esposo? ¿Sabes cuántas veces he "muerto" y revivido diariamente, para luego tomar mi cruz y seguir a mi esposo, mientras él a su vez sigue a Cristo?, ¿Sabes cuántas veces he sido puesta a prueba, para ver si soy lo suficientemente fuerte como para quedarme y luchar por mi matrimonio, contra vientos y mareas? ¿Sabes acaso, cuántas veces he tenido que simplemente creer en Dios y su voluntad, al igual que, en mi amor incondicional por mi esposo? Por favor, ten la certeza, que si quieres tener un buen matrimonio, vas a tener que trabajar duro para poder obtenerlo. Si eres egoísta y esperas que un matrimonio perfecto caiga del cielo y se posicione en tu vida; sin importar lo bueno que tu esposo sea, jamás será lo suficientemente bueno en tu opinión.

¿Qué loco como esto funciona verdad?, si estás teniendo momentos difíciles en estas áreas, no seas tan dura contigo misma, simplemente haz lo que sea que el Espíritu Santo te esté encomendando hacer. Por ejemplo, si estás luchando con los celos, deja de visitar los blogs en el internet, deja de ver shows que te hagan comparar tu vida con la de alguien más. Esos shows no solo son puro entretenimiento, sino que también están plantando semillas en tu corazón y van a producir descontento.

La sumisión es una respuesta natural al amor por el liderazgo. Cuando un esposo ama a su esposa, como Cristo ama a su iglesia (*Efesios 5:25-33*), entonces la sumisión es una respuesta natural de la esposa para con el esposo. La palabra Griega tradujo "sumisión", hupotasso, como la continua forma del verbo. Esto significa que someterse a Dios, el gobierno o a tu esposo, no es un acto de una sola vez; es una actitud continua, que se convierte en un patrón o comportamiento. La sumisión de la que hablan en Efesios 5 no es la sujeción continua de un creyente a una persona dominante y egoísta. La sumisión a la que me refiero es de dos creyentes llenos del Espíritu Santo, que se unen a ellos mismos y a Dios. La sumisión es una calle de dos vías, es una posición de honor. Cuando el esposo verdaderamente ama a su esposa como Dios ama a la iglesia, la sumisión no es nada difícil. *Efesios 5:24* dice: *"Así como la iglesia se somete a Cristo, también las esposas deben someterse a sus esposos en todo"*. Este verso nos dice que la esposa debe someterse a su esposo, en todo aquello que sea correcto y glorifique a Dios; de esta manera, la esposa no está bajo ninguna obligación de quebrantar la ley ni desobedecer a Jesús a nombre de la sumisión, (Sé que tuve que incluir eso porque algunas personas se preguntaran: ¿y si escribe cheques sin fondos o hace algo mal, me someto a el de igual manera? ¡Por supuesto que no!).

Una esposa debe someterse a su esposo, no porque como mujeres seamos inferiores, sino porque así fue que Dios diseño a la unión matrimonial. La sumisión no indica que te conviertas en una "alfombra" para que te pisoteen, sino más bien, con la ayuda del Espíritu Santo, la esposa se somete a su esposo, mientras que su esposo "muere" diariamente y revive por ella y por el amor que le tiene.

Tal vez pensarás: "ok Heather, mi esposo no hace lo antes mencionado, y tú estás en este mundo perfecto que no existe". Entiendo que hay situaciones donde la esposa está casada con un no creyente o un hombre que se alejó de Cristo, pero ¿Cuál es la solución?, la solución es entender que no puedes cambiar a tu esposo, pero Dios si lo puede hacer. Si tu estás tomando estas escrituras y diciendo: "mira esposo, tú tienes que amarme como Dios amo a su iglesia y tú no me estás amando de esa manera, así que no me voy a someter a ti", muestras que tu sumisión es condicional y demuestra que tienes la mentalidad egoísta de "si mi esposo hace esto, yo haré aquello". De ser así, evalúate. Lamentablemente, la mayoría de los matrimonios se disuelven, porque ambos lados están esperando que la otra persona de la iniciativa y comience a morir y revivir diariamente en nombre del amor y la relación. Tu esposo no es perfecto, tú tampoco lo eres, pero solamente te puedo hablar a ti, sobre tu rol en este matrimonio.

La sumisión te dará sabiduría y te ayudará a saber cómo actuar con tu esposo. Mientras tú estás haciendo de tu parte, Dios entrará en su corazón y lo cambiará. Como no estás reclamándole a tu esposo cada 5 minutos, podrás escuchar como Dios habla contigo sobre tu rol, y te mostrará el camino a su corazón, para que le puedas servir más efectivamente. Recuerda que tú siempre tendrás un rol, así que enfócate en cumplir tu parte y dentro de poco verás lo fácil que es someterse; incluso te puedo decir que disfruto ser sumisa a mi esposo. Solía odiarlo y pensaba que no tenía una "voz"; solía pensar que Dios y Cornelius estaban en mi contra. Sin embargo, mis deseos y los deseos de mi esposo se han convertido en los deseos de Cristo, estamos caminando juntos, rumbo a la misma meta y confío que Dios está haciendo a mi esposo responsable de nuestro hogar. Dios le mostrará a mi esposo el camino; como esposa, debo confiar que él está escuchando claramente, la palabra de Dios.

Así que mientras sean novios, si tu chico tiene cero relación con Dios, no pasa tiempo con Él, es rebelde, bravo y malo; pero dice ser cristiano, ten cuidado. La prueba de su salvación está en sus acciones. Por el amor que le tiene a Dios, no tendrá relaciones sexuales contigo sino hasta después del matrimonio. Por el amor que le tiene a Dios, dejará de ser egoísta, crecerá en Cristo, pasará tiempo con Dios y será sensible a Él.

Si nunca has visto un ejemplo sano de lo que es un matrimonio, te invito a adquirir conocimiento sobre el origen del matrimonio. Nuestro ejemplo vino de la hermosa relación entre Cristo y su iglesia. Nosotras como la iglesia somos las novias y Cristo el novio. Dios es nuestro esposo, y podemos ver como Cristo dio su vida por la Iglesia y sometió su vida a Dios, incluso al punto de la muerte. Medita en esas escrituras y no en estadísticas.

Queridas damas, no hay receta de cómo poder ser sumisa de la noche a la mañana. Si has estado casada por 20 años o por 1 año, practica en confiar en tu esposo diariamente, paso a paso. Pídele a Dios que renueve tu fe por tu esposo, pídele a Dios que abra puertas en la vida de tu esposo y que lo lleve en el camino adecuado. ALIENTA a tu esposo. No puedes alentar a tu esposo mientras lo destruyes. Me desespera ver como una mujer le habla mal a su esposo en público, es la mayor muestra de falta de respeto. Asegúrate de honrar a ese hombre de una manera u otra. A tu hombre lo están criticando lo suficientemente afuera de tu hogar, mientras trabaja para poder proveer para la familia y lo menos que necesita, es una voz extra que lo critique. ¡Así que motívalo!, incluso si no crees que lo "merece". Honestamente tu no "mereces" la gracia que Dios te da a diario, pero Él igualmente la derrama en ti y te ama incondicionalmente, sin dudarlo.

11
LÍMITES EN LAS RELACIONES

Yo pienso que a veces nos involucramos en una relación con una persona nueva y todavía, nos aferramos a maneras viejas de pensar. Bien seas soltera o casada, es importante que reconozcas que toda relación necesita tener límites.

Amamos a Jesús y vamos a la iglesia, pero todavía tenemos relaciones sexuales, todavía hablamos con nuestros ex novios mientras estamos involucradas en una relación nueva, todavía permitimos que nuestros padres tengan más opiniones de las debidas en nuestro matrimonio. Es vital que establezcas límites desde el inicio de cualquier relación y para ayudarte un poco, estudiemos algunos límites que deberíamos tener, como solteras, comprometidas y casadas:

Límites Mientras Estas Soltera

Esto aplica a aquellas personas involucradas en una etapa de cortejo. Si estás soltera y tienes novio, todavía estás soltera. Dios no percibe que tu relación es un matrimonio, hasta tener un pacto con Él y una licencia como casada proveniente de tu gobernación local. Tengo que decir esto, porque algunas personas creen que se pueden casar solos, tú y tu novio en tu cuarto antes de tener alguna interacción física. Por más dulce que esto parezca, Dios no está involucrado en ese proceso querida. Es por eso que hay reglas y lineamientos en cada estado de tu región, que indican cual es el procedimiento legal de un matrimonio. Fíjate que cuando declaras tus impuestos, no te preguntan en tu estado civil, si tienes novio o estás comprometida, solo hay dos opciones: soltera o casada. Y si el matrimonio del mismo sexo está aprobado en tu estado, quiero que sepas que Dios **nunca** honrará eso.

Considero que algunas veces cuando estás soltera, podrás sentir que la persona con la que estás saliendo en ese momento es la única que existe en el mundo, así que tú y tu chico, tienen este amorío entre ustedes donde no hay responsabilidad, no hay estándares y la Biblia ha sido tirada fuera de la ventana, mientras continúan involucrándose físicamente, como si Dios no existiera. No te puedes llamar una mujer Cristiana, si intencionalmente duermes en la casa de tu novio con regularidad, (o de vez en cuando) y tienen sexo de vez en cuando. Si no estableces límites en tu relación, seguirá siendo una relación del "mundo", aun cuando continúes mostrando que eres cristiana, porque vas a un edificio de 2000 pies cuadrados de ladrillo al que llamas iglesia, cada domingo. ¿Qué te hace pensar que entrar a un edificio cada domingo, consigue tu salvación? La evidencia de tu salvación, debe ser manifestada en tu estilo de vida. "*¿Cómo sabemos si hemos llegado a conocer a Dios? Si obedecemos sus mandamientos. El que afirma "lo conozco", pero no obedece sus mandamientos, es un mentiroso y no tiene la verdad. En cambio, el amor de Dios se manifiesta plenamente en la vida del que obedece su palabra. De este modo sabemos que estamos* unidos a Él: *"el que afirma que permanece en Él, debe vivir como Él vivió"* (1 Juan 2:3-6).

Hermana, no estoy tratando de regañarte o hacerte sentir mal sobre tu vida, solo soy una chica de Michigan compartiendo esto contigo y diciéndote que ¡Dios quiere todo tu corazón! Él quiere tener una relación íntima contigo, estoy tratando de mostrarte que no perteneces a Cristo si todas las decisiones que tomas *son opuestas* a lo que Cristo es. Prefiero que estés molesta conmigo temporalmente y te des cuenta que tienes que cambiar, a que te sientes en el infierno *eternamente, porque pensabas que con asistir a la iglesia conseguirías tu salvación.*

Sé que quieres que ore contigo y pida por tu fortaleza, créeme, estoy rezando por ti hermana, pero esta vida es mucho más grande que solo orar por ti. Tienes que cumplir tu rol y hacer de tu parte. Tu parte es obedecer a Dios y dejar de plantar ciertas semillas en tu mente o permitir que alguien más las plante. Si en lo profundo de tu corazón, no tienes ningún plan de vivir de la manera en que Dios lo ha deseado, después de rezar por tu liberación de esa relación enfermiza en la que estas, correrás a los brazos nuevamente de tu supuesto "dios". Quieres que ore por ti, pero sigues yendo a su casa y ves pornografía; mientras te niegas a hacerte responsable de ello ante nadie. Tú no quieres oración hermana, solo quieres atención, porque el arrepentimiento verdadero trae consigo un cambio, no solo llorar y darte cuanta de tus errores.

Dios está mirando tu corazón constantemente; ten por seguro, un corazón arrepentido le da la espalda al pecado. No estoy tratando de ser muy dura contigo, puesto que te entiendo, porque ¡yo he estado en esa posición! Yo era la chica que volvía a la cama con mi novio, luego de haber asistido a la iglesia, pero mi corazón estaba tan lejos de Dios, ¡no conocía realmente a Cristo!, yo decía que lo conocía, pero no estaba verdaderamente salvada, porque seguía tomando las mismas decisiones que me mantenían en la oscuridad. Seguía lastimándome, mientras saltaba de relación en relación en busca de llenar mis vacíos, sin aceptar que Dios era el único que los podía llenar.

Hermana, quiero que evites pasar por el dolor y la tristeza por la cual yo pasé; estoy aquí para decirte, que ya no debieras seguir sufriendo. Si realmente quieres conquistar esta área, deber ser salvada VERDADERAMENTE. Esto significa "no solo confesar con la boca" que has sido salvada, sino también demostrar en tu diario vivir esta realidad. Es necesario establecerte límites y mantenerte en la luz diariamente, pasando tiempo con Dios y dándole tus preocupaciones a Él. Nuestra caminata Cristiana es un trayecto, toma toda la vida, día a día; no te sientas abrumada por todas las cosas que tienes que cambiar o intentes hacerlo todo enseguida. Créeme, Dios te conoce y paso a paso, Él te guiará. Su amor y gracia te encontrarán en cada lugar donde estés y te ayudarán. No estás sola en esta caminata con Dios.

Si estás completamente enamorada de un chico y quieres estar con él, pero él te sigue presionando a tener relaciones sexuales; recuerda que si no puedes confiar en que un hombre puede mantener su pureza, ¿Cómo puedes esperar que él te ayude, a criar a tus hijos? Por favor, deja de hacer excusas por él; si él no está salvado, no necesitas estar con él. Dios no te dijo que te casaras con ese hombre que no está salvado. Esto es lo que Dios dice acerca de casarte con él: *"No formen yunta con los incrédulos. ¿Qué tienen en común la justicia y la maldad? O ¿qué comunión puede tener la luz con la oscuridad?"* (2 Corintios 6:14). Tú no lo puedes cambiar, así que DEJA DE INTENTAR CONVENCERTE A TI MISMA que él cambiará cuando se casen. No te puedes casar con la expectativa que un hombre cambiará con un anillo y una licencia de casados. Si es un mentiroso y rompe tu corazón a menudo, ¿Por qué crees que un anillo lo hará cambiar? Seguramente él puede desear estar comprometido contigo, pero lo más probable es que él se case contigo y te sea infiel, porque no sabe lo que es estar comprometido con alguien. Él nunca fue forzado a practicar el compromiso, y como no tiene una relación con Cristo, no tiene límites ni estándares.

Como soltera, tienes la oportunidad de alejarte de ese tipo de relaciones y confiar que Dios tiene lo mejor para ti. Deja que Dios trabaje en el hombre destinado para ti con su debida distancia, lejos de ti. Por favor, no me envíes tus cartas preguntándome: "¿Cómo me dices, que Dios no me indicó que me casara con este hombre?" los estándares son claros. No te dejes engañar por nadie, asegúrate que la prueba de su salvación, esté en el estilo de vida que él lleva.

Tal vez ignores estas sabias palabras y dirás: "Voy a confiar que Dios lo salve"; no hay problema hermana, pero una vez que te cases, pasarás por varias situaciones fuertes que pudiste haber prevenido desde un principio. Que esto sirva de advertencia, Dios está mucho más preocupado en tu propósito de vida, que en tú cambiar tu apellido de soltera.

Te preguntarás: "¿Cómo llegar a este nivel de saber y querer lo que Dios quiere? porque honestamente, solo quiero lo que yo quiero". Mi pregunta a ti hermana es: ¿A qué le das tu atención? ¿Al televisor? ¿Redes Sociales? ¿A esa relación enfermiza? No desarrollarás una relación con Dios, si no estás creciendo en Él intencionalmente. Literalmente tienes que tomar una decisión en tu mente y vivir a la manera de Cristo, dependiendo de Él diariamente.

Veamos varios límites para las personas Solteras:

1. **Corteja con Propósito**: antes de pensar en ir a tu primera cita con alguien o pasar el rato con él, debes tener como propósito el matrimonio. Si piensas que el matrimonio está muy lejos de tu vida como para incluso pensar en él, entonces no deberías pensar ni siquiera en involucrarte en una relación. El propósito de cortejar, es el matrimonio. El propósito de un noviazgo "al modo del mundo actual" es ver qué tal se la llevan tú y tu novio, ver si te gusta lo que ves y lo que sientes, terminar la relación y pasar a la siguiente.

   La gente se molesta tanto conmigo cuando digo esto, ¿pero desde cuando son necesario el SIDA, enfermedades de transmisión sexual, embarazos no planeados y corazones rotos, para saber qué es lo que quieres o no? Tú sabes muy bien que no quieres ninguna de esas cosas y no necesitas pecar, para descubrir la respuesta a tu interrogante. Una relación te distraerá, si el padre de tu chico, es el enemigo. Te ahorrarás muchos dolores de cabeza, si mantienes la mirada de tu vida en Cristo; si te desarrollas en Él y dejas que Él moldee y dirija tu trayecto.

La cuestión es la siguiente, cuando estás viviendo para Dios y estás en el camino que Él planeó para ti, entonces reconoces que ese es el MEJOR camino que vas a recorrer. Hay dos caminos, el camino que tú creas, y el que ÉL creó para ti. Escógelo a ÉL, no te defraudará.

Me preguntarás: ¿cuál es la diferencia entre cortejar y noviazgo?, un resumen breve: un noviazgo consiste de salir a varias citas, pasar la noche juntos, tener un estado mental mundano, tener sexo antes del matrimonio, sin límites, sin estándares y sin compromiso. Cortejar, es pasar mucho tiempo juntos, en grupos o rodeados de familia, y establecer límites estrictos. No puedes cohabitar con él, ambos se desarrollan emocionalmente; en definitiva es estar en una relación, con el propósito de casarte.

2. **Discutan los Estándares**: mi esposo y yo no nos besamos, sino hasta el día de nuestra boda, tal cual lo mencioné anteriormente; nosotros decidimos que esto ocurriría desde nuestra primera cita. Esta no es una ley que nosotros inventamos. Nosotros sabíamos que nuestro "equipo" funcionaba y no queríamos llegar a ese punto. Sabíamos que tendríamos una vida completa para cohabitar, por lo

que queríamos más bien, aprovechar el tiempo y desarrollarnos emocionalmente.

Desde nuestra primera cita acordamos límites, porque de no haberlo hecho, los hubiésemos cruzado. Pactamos no besarnos hasta el día de nuestra boda, nada de besos en la mano, la mejilla, nada. Es importante que mientras se conocen el uno al otro, sean claros en que no tendrán relaciones sexuales o se involucrarán en algún otro tipo de actividad sexual, sino hasta después de estar casados. Asegúrate que ambos están en la misma página. Incluso, lo mejor sería, que el hombre fuera quien te dijera cuáles son sus estándares en esta relación en la que se van a embarcar.

Déjame reiterar lo siguiente, AMBOS DEBEN ESTAR EN LA MISMA PAGINA, o esto NO FUNCIONARÁ. Habrá una batalla constante, y lo más probable, es que él te retará y tú accederás. Alguno de los límites que pusimos fueron: nada de caricias, no ir al cine juntos, no pasar noches juntos, no dormir en la misma casa, no ir de vacaciones juntos a menos que estuviéramos visitando la familia del otro, e incluso en esos casos, no nos podíamos quedar bajo el mismo techo.

3. **Pasen su tiempo junto en grupos:** es importante que cuando estén juntos, estén acompañados de miembros de tu familia o tus seres queridos; ellos pueden ver si él está loco y tal vez tú no lo ves, porque estás cegada por el amor que tienes por él. Usualmente, estar cegada por el amor, viene después de haber tenido interacciones sexuales con tu chico. Así que, para mantener esos cegadores físicos apagados, tienes que asegurarte de seguir con diligencia, el pacto que ustedes hicieron y mantenerlos fuertes en tu relación.

4. **Amistades:** ¿Quiénes son tus amigos? ¿estás pasando tus ratos libres con un grupo de chicas solteras, tontas, chismosas, fiesteras y bebedoras?; de ser así, lo más probable es que conocerás a uno de sus amigos por asociación, e iniciarás el deseo en tu corazón de estar con un "chico malo" y de nuevo tal vez, te vuelvan a romper el corazón. Debes poner límites y tener estándares, incluso en tus amistades. Esto también incluye, tus amistades con la "gente de la iglesia".

   Yo no dejaba que cualquier persona hablara a mi corazón; solo porque atiendes servicios religiosos en un edifico, no te da el derecho de hablar respecto a mi vida. Yo me aseguraba de cuidar mucho mi corazón contra ese tipo de personas mientras estaba soltera. Estaba trabajando en varias cosas y un grupo de señoras sabelotodo se acercaron a mí y me dijeron: "tienes que casarte con este muchacho y hacer esto y aquello"; solo porque alguien te dice algo, no significa que tienes que creerlo e ir a hacerlo. Asegúrate de *"no creer en cualquiera que pretenda estar inspirado por el Espíritu, sino sométanlo a prueba para ver si es Dios, porque han salido por el mundo muchos falsos profetas"* (1 Juan 4:1).

5. **Sométete a Dios**: déjame ser bien clara. Se te hará muy difícil someterte a tu futuro esposo, si te rehúsas a someterte a Cristo mientras estás soltera. Deja que Él guíe cada paso de tu vida y que te ayude mientras prácticas como ser sumisa. Pregúntale a Cristo que quiere que uses de vestir ese día, como quiere que te arregles tu cabello, que quiere que compres. Practica esta hermosa relación mientras estás soltera, puesto a que la necesitarás cuando estés casada (si te quieres casar). Este límite es muy importante en tu caminata con Dios, Él te mostrará cuales son los "Ismaeles" cuando tú estás pensando, que en realidad eran "Isaías".

Bono: ¿Cómo te estás vistiendo?, ¿estás mostrando escote siempre? No utilices nada que cause que tu chico tropiece. Incluso cuando cortejábamos, si a Cornelius no le gustaba mi atuendo (porque pensaba que revelaba mucho), él esperaba en el carro (él me pasaba buscando a mi hotel o a su casa, mientras él se quedaba en la casa de su amigo), mientras yo iba dentro de la casa y me cambiaba la ropa. Prefería cambiarme, antes de hacer que mi novio me mirara inapropiadamente a causa de mi atuendo. Quiero ser santa como Dios es santo. Entonces, algunas cosas que yo utilizaba y pensaba que no eran nada malas, resultaban ser malas para Cornelius, y yo no quería ser la causa, por la cual mi novio tropezara.

Límites Mientras Estas Comprometida:

¡Felicidades!, estas Comprometida. Prepárate para discutir, si es en serio. Ok, en este punto ya tienes paz interna en cuanto a tu chico ¿verdad?, más te vale. Si no, corre hermana, sin importar si ya enviaste las invitaciones.

Regresemos al punto de las discusiones. Pelearás un poquito más con tu chico después de estar comprometidos. No tenía idea que discutiríamos más y me tomó desprevenida. Cornelius y yo discutíamos más cuando estábamos comprometidos, porque en este punto, estábamos tomando las decisiones más grandes juntos. Era también como si el enemigo estaba diciendo: "¿estás segura que te quieres casar con él?". Tu "decisión" de casarte con él, SERÁ puesta a prueba, así que más vale que estés 100% segura que DIOS te dijo, que él era el hombre indicado para ti. Estas discusiones también es lo que yo considero "crecimiento".

1. **Practica la sumisión**: sí, en este punto ya deberías estar practicando ser sumisa. Será mucho más fácil ser sumisa a él, si ustedes ponen límites durante el cotejamiento y los cumplen. ¿Por qué?, porque lo respetarás mucho más, al ver que él es un líder, que está detrás del corazón de Dios. Él necesita respeto y honor, y tú necesitas que él te haga sentir amada y protegida en la relación. Te sentirás amada y segura, al ver que él no ha estado jugando con tu cuerpo, por ende, te ayudará a respetarlo y admirarlo.

   ¿Cómo practicas la sumisión?, deja que él tome decisiones importantes, como donde van a vivir, los planes de matrimonio, etc. Por supuesto, Cornelius discutió todas estas cosas conmigo – discutimos todo juntos. Sin embargo, al final del día, yo dejaba que él tomara las decisiones finales y este fue el caso, cuando nos comprometimos. Una vez que estás casada, Dios hará responsable a tu futuro esposo por todo lo que acontece en tu hogar. Las decisiones que tomes mientras estés comprometida, te afectarán una vez que estés casada.

   Yo luchaba mucho con ser sumisa, porque yo siempre tenía algo que decir, era independiente y nunca respete a los hombres, hasta conocer a mi esposo. Así que mientras estábamos comprometidos, yo hice lo que llamamos "sumisión falsa". Le sonreía y decía "si cariño", pero luego me volteaba y hacia algo distinto. Menos mal, me di cuenta rápido que manipular a mi prometido era tan lejos de lo que Dios quería, por lo que tenía que cambiar. Como resultado de esta realización, me sobrepasé. Para el tiempo en que realmente empecé a practicar la sumisión, ya estábamos casados. Le preguntaba a Cornelius su opinión sobre todo, porque quería aprender cómo pensaba él. Tal vez pensarás: "tengo que aprender cómo piensa Cristo Heather, no como piensa mi esposo". Bueno, yo pensaba que tenía que ser sumisa, conocer a Cristo y estudiar a mi esposo. No iba a aprender cómo pensaba mi esposo a través de osmosis, si él iba a ser mi líder, tenía que conocerlo y entenderlo.

2. **Continúa con esos Parámetros:** en estos momentos pensarás que estás tan cerca de la línea de llegada. ¡Amas a esa persona tanto y estás lista en convertirte en una sola carne con él!, tengo que compartir esta historia graciosa contigo. Un día después de la iglesia, Cornelius y yo estábamos manejando de vuelta a su casa, para yo poder ir a buscar mis maletas e irme al aeropuerto, y él no quería agarrar mi mano. Estaba pensando: "HEY, ¿EN SERIO?, no nos besamos, me das abrazos de iglesia (esos abrazos que solo se dan con un brazo y muy casuales), y ahora me vas a decir que TAMPOCO puedo tomar tu mano???!!!, no solo quiero tomar tu mano, quiero lanzarme sobre ti". Estaba tan molesta, porque yo soy una persona muy afectiva, por lo que tuve que desarrollar mucho mi paciencia

y ofrecerle a Dios todos esos momentos para que Él me ayudara a sobrellevarlo. Así que discutimos tomarnos de las manos e hicimos un acuerdo. Fue muy extraño para mí, porque mientras estábamos comprometidos, yo lo conocía tan bien emocionalmente, pero no lo conocía físicamente. Fue tan hermoso e impactante. ¡Ansiaba que el día de nuestra boda llegase, para por fin poder tener la oportunidad de conocerlo físicamente! Precisamente ameritaba aprender a esperar hermana. No caigas en la tentación de pecar juntos, porque ya "casi" están casados. Todavía no están casados. Escapa de esas tentaciones (*Hebreos 4:15*).

3. **Amigos, Amigos, Amigos**: una de tus amigas con la que has hablado durante años, quiere estar el día de tu boda. Han discutido como ambas se casarían un día y presenciaran esos momentos, están tan emocionadas. Sin embargo, a ella no le gusta tu buen hombre temeroso de Dios. Bueno, lo siento, ella no puede estar en tu boda. Tu boda es algo más que chicas lindas paradas a tu lado. Quien está ahí contigo, estará en un pacto contigo y está aceptando rezar por ti ese día, así como también mucho después de que la boda termine. Si ella no te apoya a ti, ni a tu matrimonio, ¿Cómo pueden caminar juntas? (*Amos 3:3*). Yo tuve que decirle a una chica

muy dulce que no podría asistir a mi boda, porque a ella no le caía bien Cornelius. Por mucho que la amaba, sabía que ella no apoyaba mi matrimonio y yo sentía que tenía que estar 100% apoyando mi relación, o si no, no me apoyaba a mí. Ella no estaba celosa de mi relación; pero honestamente, algunos de tus amigos puede que estén celosos de lo que tú tienes, porque ellos están luchando en su vida de soltería. Tal vez incluso empiecen a actuar como las damas de honor en el show *Bridezillas*. Por lo que te sugiero, pídele a Dios que te diga a quien remover de tu vida. También, no invites a 50 millones de personas como tus damas de honor. Cometí ese error, agregando a varias chicas, que ni siquiera debían haber estado en mi boda. No las conocía lo suficiente como para haberlas invitado.

4. **Los Padres**: ¿Cuánta opinión van a tener tus padres? Bueno, si ellos están pagando por tu boda, te aseguro que tendrán bastante que decir; dependiendo de sus personalidades, incluso intentarán controlarlo todo. Si vas a aceptar dinero de parte de ellos, asegúrate que todos estén en la misma página, entendiendo que es TU boda y no la de ellos. Aprecias su regalo y la asistencia financiera, pero al mismo tiempo, no quieres aceptar un regalo que tenga condiciones. Así que prepárate para

reducir costos, eliminar flores o lo que sea necesario. La boda no es en realidad para todos tus invitados, no necesitas meterte en una deuda ocasionada por un día, donde quieres probarle al mundo que tienes dinero para tener una boda grande y sentirte bien contigo misma; por lo que hablaré del rol de los padres en un matrimonio más adelante.

Hablando de flores, yo pague $150 por todos los ramos de mis damas (aproximadamente 30 personas). Fui a un lugar donde vendían flores, las compre al mayor y pague $100 a alguien para que las diseñara. ¡No tienes que gastar una tonelada en el día de tu boda!, ¡Se creativa!

5. **Sométete a Dios**: si viste, está tambien en la sección de solteras; nunca debes cambiar sin importar que estés soltera, comprometida o casada. Nuestros ojos siempre deben estar fijados en Cristo. Estudia lo que la Sagrada Escritura dice sobre el matrimonio (*Efesios 5, Titus 2, Proverbios 31, el Libro de Ester, Ruth y otras mujeres maravillosas en la Biblia*). Nunca conviertas a tu esposo en tu "dios".

Bono: recuerda, si no sientes paz, no lo hagas hermana. Lo lamentarás luego mientras caminas hacia el altar, con un presentimiento muy contundente que la persona esperándote al final, no es la mejor elección de Dios para contigo. Siempre tienes una opción.

Límites mientras estás Casada:

¡Estás Casada! ¡Qué diversión!, a mí me encanta el matrimonio, es un sueño muy divertido y adoro a mi esposo. Tengo una actitud muy obsesiva, es una obsesión sana y fuerte en mi relación con Cristo. Cuando me casé, sabía que también iba a estar completamente obsesionada con mi esposo. Yo soy muy expresiva, y quiero decirle a mi esposo 50 veces al día cuanto lo amo; pero yo sé que él se siente más amado, cuando cocino para él o le sirvo de alguna manera. Muchas veces, simplemente hago ambas cosas. No sabía lo maravilloso que el matrimonio iba a ser, solo felicidad y alegría cada minuto de cada día.

¡Oh no querida, no siempre es así!, si quieres vivir en una fantasía, por favor visita Disneylandia, claro, no me malinterpretes, me ENCANTA estar casada, es maravilloso, pero prepárate a trabajar. Estás ahora conviviendo con las situaciones de vida de tu esposo también, tu parte independiente debe "morir" para convertirte en parte del convenio maravilloso que es el matrimonio, a imagen de lo que Cristo quiso para con nosotros.

Cuando piensas en el matrimonio en vez de pensar en el sexo, quiero que pienses en "morir" diariamente; deja que tus emociones negativas mueran, que tu actitud egoísta muera, que tu deseo carnal muera, deja que todo eso muera y revive en positividad. Eso es lo que hace que tu matrimonio sea feliz. La mejor parte de todo esto es que si lees Efesios 5, recordarás como los esposos están destinados a amar a sus esposas, como Cristo ama a su iglesia. Al reconocer esto, se te hará mucho más fácil "morir" diariamente en nombre de tu relación, si sabes que tu esposo está haciendo lo mismo ante Cristo, como Cristo lo hizo por su iglesia. Sin embargo, habrá momentos donde pensarás que él no está "muriendo" lo suficiente como para ti, pero te recomiendo que te enfoques en tu parte y ores para que él pueda cumplir con la suya. Veamos algunos límites que puedes poner en tu matrimonio, en tu condición de esposa:

1. **Jesús siempre debe ser tu prioridad**: primero, tienes que entender que tu esposo es un humano y te puede defraudar. Mi esposo es maravilloso, pero él no murió por mis pecados, Jesús sí. *"La cabeza de cada esposa es su esposo, la cabeza de su esposo es Cristo y la cabeza de Cristo es Dios"* (1 Corintios 11:3), así que es fácil para mí amar a mi esposo intensamente, porque primero estoy enamorada de Cristo. Mi enfoque está en Cristo, al amar a mi esposo y servirle, también estoy amando y sirviendo a Cristo. Esta vida es temporal, sé que mi esposo no puede solucionar todos los problemas que enfrente en mi vida, tampoco me atrevo a asignarle esa

responsabilidad, solo Cristo puede salvarme, restaurarme y completarme.

Es fácil no convertir a mi esposo en mi "dios", porque primero estoy enamorada de Cristo y el amor que brota de este sentimiento, ¡es dado a mi esposo! Verás, mi esposo solo recibe el amor que rebosa de mi unión con Cristo. ¿Te has dado cuenta, que cuando pasas tiempo sin hablar con Dios, te vuelves más irritable y más impaciente?, he ahí la razón de la importancia de tu relación íntima con Dios. Él te da amor y este amor rebosará en tu corazón; es ese amor el que todas las personas a tu alrededor reciben, créelo o no, siempre y cuando ese amor sea dirigido a Dios correctamente, es mucho más que suficiente para compartirlo con todas las personas a tu alrededor.

No mires a tu esposo como tu fuente, sino a Jesucristo. No puedes darte el lujo de darle ese peso tan grande a tu esposo y convertirlo en tu "dios"; si lo haces, nunca estarás satisfecha, porque jamás podrá alcanzar tus estándares irrealistas. Claro, puedes darle las responsabilidades básicas no negociables, pero si él no puede comprar tu casa grande y tu carro nuevo del año, no lo hagas sentir como un perdedor.

2. **Tu Mamá, Papá, Primitos y demás:** ahora que estás casada, TODOS van a querer darte consejos matrimoniales, en especial tu tía, que se ha divorciado ya dos veces. *Génesis 2:24* dice: *"esto explica porque un hombre deja a su padre y madre y se une a su esposa, convirtiéndose en uno"*. Al casarte, debes irte y despegarte. Algunos de los miembros de tu familia están muy involucrados en tus asuntos, y ellos no deberían saber los detalles de cada discusión que tú tienes con tu esposo. Cuando tú y tu marido se molestan, por favor, deja de buscar tu teléfono y llamar a tu "mentor" o a tu "mami" para resolver el problema; en algún momento de la relación, tendrán que ponerse el sombrero de "adultos", crecer y desarrollarse. Debes despegarte de tus padres y adherirte a tu esposo. Entiende que tienes una familia nueva ahora, la cual se inició contigo y con tu marido.

Este principio va atrás a la etapa del cortejo. ¿Estableciste límites de puridad y los mantuviste?, ¿se desarrollaron emocionalmente? Si no lo hiciste, lo más probable, es que no vas a poder aguantar la presión que viene con las peleas y correrás a los brazos de tus amigos, para que te consuelen cada vez que discutan tú y tu esposo. No estoy diciendo que vas a estar condenada a una vida miserable por el hecho de haber tenido relaciones sexuales mientras cortejaban; porque siempre puedes arrepentirte y enfocarte en desarrollarse emocionalmente con él, en vez de físicamente; lo que te estoy diciendo es que va a requerir mucho más trabajo para mantener la relación de casados, porque de soltera, no tenías ese compromiso sagrado.

Raramente comparto las discusiones que mi esposo y yo hemos tenido con NADIE, excepto con Jesús. Seamos honestas, Jesús es mucho más comprensible que los humanos, si le digo mis discusiones a mis familiares, ellos tomarán mi lado automáticamente y para el momento en que ellos empiecen a molestarse con mi esposo, seguro él y yo, ya hemos hecho las paces y estamos de vuelta a nuestro mundo feliz.

No estoy negando que recibamos consejos sabios, pero siempre ten en cuenta, la sabiduría de un humano no se compara con la de Dios; si vas a depender del consejo de alguien, asegúrate que venga de Dios. Ten siempre en cuenta que el Espíritu Santo está dentro de ti para ayudarte en todo momento difícil; si quieres tener algunas sesiones de consejería matrimonial de vez en cuando, LO RECOMIENDO, siempre y cuando se aseguren de trabajar en pro de la relación ustedes dos en la intimidad de tu casa también, nadie más lo hará por ti y por ustedes.

3. **Sumisión:** Luego de haberme dado cuenta que tenía que empezar a demostrar que iba a ser sumisa con mis acciones, no solo con mis palabras, me aseguré de dar lo mejor de mí. Soy el tipo de persona que trabaja extra fuerte, cada vez que sé que debo mejorar cierto aspecto. Así que le preguntaba a mi esposo su opinión EN TODO. Si iba a la tienda y gastaba $15, le preguntaba si le parecía bien; para evitar que lo estuviera llamando casa 5 minutos, él estableció una cantidad de dinero que podía gastar, diciéndome que si necesitaba más, lo llamara.

Yo tenía experiencia cuando se trataba de ser sumisa a Cristo, sin embargo, no tenía idea como hacerlo con Cornelius. Quería asegurarme de aprender, por lo que comencé a hacerlo mientras cortejábamos. Recuerdo escucharlo decir que le molestaban ciertas conductas, entonces yo me aseguraba de tomar notas mentales, para evitar hacerlas en un futuro, quería entenderlo y dejarlo ser EL LIDER. ¿Crees que eso es ser débil? ¡Claro que no!, eso toma FORTALEZA. Una mujer sabia, reconoce cuál es su rol en su relación y sabe que debe CONOCER bien su hogar, para que la unión sea exitosa.

Rápidamente aprendí cuales eran las fortalezas y debilidades de mi esposo; me convertí en su "ayudante" en esas áreas, al asegurarme de rezar por él diariamente. Creía con firmeza que si YO estaba trabajando arduamente en convertirme en una mejor mujer, él estaba trabajando arduamente en convertirse en un mejor hombre también, así no viera los frutos enseguida. Sabía que las semillas debían morir, ir muy al fondo y luego dar frutos; igualmente me enfoqué en mi rol, mientras él se enfocaba en suyo.

Como mencioné anteriormente, tienes que someterte a Cristo diariamente, despertar cada mañana con la mentalidad de "Sin importar como me sienta hoy, Dios, quiero que me ayudes a ser más sumisa a ti y disfrutar este trayecto".

4. **Ex novios y otros Hombres**: Así que tu esposo te está enfadando y no está satisfaciendo tus estándares (oh si, esto pasará); eso no indica que tú tienes que salir corriendo a los brazos de otro hombre, para buscar atención. Tendrás tantas oportunidades de abandonar tu matrimonio; solo recuerda siempre que tu relación vale la pena, es mejor esforzarte a arreglarlo y nunca rendirte. Esto no aplica si tu vida está en peligro físico; de ser así, debes irte a un lugar donde estés rodeada de gente segura, que te protejan de todo mal.

Nunca verás que tu relación florecerá a su máximo potencial, si corres cobardemente cada vez que tienen una discusión. Tus sentimientos serán heridos algunas veces, especialmente durante el primer año; tu esposo dirá cosas que lastimarán tus emociones y sacarás también cosas fuera de contexto. Muchas de esas inseguridades escondidas bajo tu cama, que provenían de experiencias pasadas, se manifestarán en tu matrimonio sin tu darte cuenta. Así que, protege tu corazón de Facebook, Twitter, compañeros de trabajos o cualquier cosa que cause dolor. Cierra cualquier puerta que intente tentarte a caer en un estado de dolor. Mantén tus ojos fijos en Cristo y lucha para proteger tu relación. Satanás está buscando alguna puerta que haya quedado abierta, para poder entrar y destruir tu matrimonio. Quiere lograr que te divorcies, no quiere que reproduzcas una nueva generación de niños, que tengan una casa cristiana saludable. Si ya tienes hijos, él quiere plantar semillas en sus corazones, haciéndoles pensar que los matrimonios son una pérdida de tiempo. Él quiere que pienses que los matrimonios llevan mucho trabajo innecesario y es imposible conseguir un final feliz en ellos.

Cuando justamente sientas que tus necesidades no están siendo satisfechas, entrega todas esas preocupaciones a las manos de Dios. No te puedo ni contar, todas las veces que en la cama me daba vuelta y lloraba, pensando en todas las áreas donde mi esposo podía ser más sensible durante nuestro primer año de casados. Le lloraba a Dios pidiéndole ayuda, poco después ¡veía el cambio en mi esposo!, me emocionaba muchísimo ver esos resultados, porque era ese empuje que necesitaba para seguir luchando.

La sumisión a Cristo durante las etapas antes de tu matrimonio, te servirán de mucho, cuando te conviertas en esposa. Póstrate ante el Señor seguidamente, dale tus preocupaciones. A veces, Dios no cambia tus situaciones, porque está queriendo cambiar tu corazón primero.

5. **Dinero:** ¿Adivina qué?, cuando te casas te conviertes en uno solo, lo que es tuyo es de él y viceversa. Sin importar quien haga más dinero, una vez que están casados, deben trabajar unidos en este aspecto también. Un hombre tal vez no se sienta como el "proveedor" si ve que estás haciendo más dinero que él, por lo tanto, pide a Dios que ayude a tu esposo a entender que solo Cristo es el proveedor en tu hogar, también que te de la delicadeza y sabiduría para saber cómo manejar esta situación.

Este NO ES el momento de llamar a tu esposo un tonto, perezoso o cualquier otra denigración.

Creíste lo suficiente en él, como para tomar su apellido, así que, no le faltes el respeto. ¿Cuál es tu problema? Deberías avergonzarte de ti misma, ¿Cómo te atreves a hablarle al hombre con quien uniste tu carne, de esa manera?, si le hablas a tu esposo de manera irrespetuosa, levántate en este momento, ve a arrepentirte a sus pies; luego pídele perdón a Dios y pídele que cambie tu corazón insensible.

De verdad, mi corazón se entristece cuando veo como las esposas hablan irrespetuosamente a sus esposos, y no le dan ni derecho a opinar. A Dios no le place tu manipulación, ni tu espíritu de Jezabel. Debes de arreglar eso hermana, porque eso no es lo que Dios tiene planeado con tu vida. Recuerda, tu esposo es tu hermoso regalo de parte de Dios y él es tu líder. Respeta y honra a tu esposo. Si lo mejor que él puede hacer es atar sus zapatos, compleméntalo por eso.

Bono: El matrimonio es hermoso y será tan hermoso como tú decidas que sea, es una decisión diaria hacer que tu matrimonio funcione, no tomes a tus seres queridos por sentado. Ama a tu esposo intensamente y háblale con mucho cariño. Respétalo, Hónralo y Motívalo.

12
SIEMPRE UNA DAMA

Debo ser completamente honesta contigo, me encanta vestirme lindo y no necesariamente con faldas largas y camisa cuello de tortuga. Siempre he creído que puedo vestirme como una dama, lograr tener estilo y mantenerme a la moda. No hago esto para impresionar al "mundo", en realidad me importa poco lo que "está a la moda y lo que no lo está". Te darás cuenta que mi closet no está reservado para marcas de diseñadores; tengo ropa de Target al igual que de "Saks Fifth Avenue," me aseguro de no discriminar ropa, y me encanta encontrar buenas ofertas en ropa de buena calidad.

Siempre somos responsables de asegurarnos en honrar a Dios con nuestra vestimenta y apariencia personal. En este libro he hablado bastante sobre el aspecto espiritual de ser una mujer, pero también quiero darte tips prácticos de belleza interna y externa. Seamos conscientes, a los hombres les encanta una mujer que cuida de sí misma, al igual que a ti te encanta un hombre que cuida de sí mismo. Pensarás que tú no tienes un presupuesto muy grande, para poder comprar ropa linda y arreglar tu pelo, pero durante mi estadía en Nueva York con un salario de $0, aprendí como hacer que esto funcionara a mi favor.

Aquí tienes varios "tips":

1. **Aprende como arreglar tu propio cabello:** ¿Sabes cuánto dinero ahorre en un año solo por aprender a arreglar mi cabello yo misma?, además, me di cuenta que mientras más iba al salón de belleza, más se me dañaban mis rulos, porque una estilista en particular, aplicaba mucho calor a mi cabello. Quería asegurarme que este fuese fuerte y sano, pero a la vez no quería gastar tanto dinero, al mismo tiempo, empecé a viajar más a menudo para predicar, así que no tenía tiempo para ir a la peluquería.

   Me aseguré de invertir en lo siguiente:

   - Una plancha para el cabello de muy buena calidad: he estado utilizando la misma por aproximadamente 2 años, se llama Babyliss PRO Nano Titanium 1 ¾". Mi cabello no puede soportar mucho calor, así que la coloco en 375 grados. Si la buscas por Google, te costará aproximadamente $129, pero yo la compré en una tienda llamada ULTA en $89 porque ese día, ellos tenían una oferta especial. También me gusta la plancha y rizadora de cabello HairArt

Ceramic, que te costará aproximadamente $80. Luego de usarla por varios años, se la regalé a mi hermana, te puedo asegurar que es maravillosa. Tal vez pensarás que esos precios son altos, pero si vas al salón de belleza dos veces al mes, pagando de $45 a $50 por visita aproximadamente, verás que vas a ahorrar mucho más de lo que piensas.

- Curlformers: me encanta rizar mi cabello y tener ese "look" de Salón, como no quería aplicarle mucho calor cabello, invertí en curlformers largos y anchos. Hay un kit completo por $64, pero no quería invertir tanto dinero a menos que de verdad me gustaran, así que los compré individualmente. Puedes conseguirlos en la tienda Sally´s.

- Un Hue Steamer (máquina de vapor): escuché sobre esta máquina gracias a una amiga, y no me convencía mucho el producto, pero igualmente quise probarlo ($125). La compré directamente desde la página web y luego de utilizarla varias veces al mes, noté que mis risos regresaron. Mi pelo se volvió mucho más suave y brillante después de un solo tratamiento. También, utilizo un acondicionador intenso, mientras me siento debajo de la máquina de vapor. Lamentablemente no tengo suficientemente tiempo para utilizarla en estos días, pero te la recomiendo altamente.

- Aceite marroquí: Este producto posiblemente te costará $45 por botella, pero el tratamiento de aceite marroquí (Moroccanoil Treatment Light Oil) vale la pena. Me encanta este producto y también lo he estado utilizando por varios años.

Te diré cuál es mi proceso para arreglar mi cabello. Primero, lo lavo con un champú hidratante (cambio mi champú y acondicionador cada par de meses, porque mi cabello se acostumbra a ellos). Luego me siento debajo de mi Hue Steamer (si el tiempo lo permite) con mi acondicionador intenso y al terminar, me lo lavo para remover el acondicionador. Dejo que mi pelo se seque al aire libre (si el tiempo lo permite), luego lo seco con mi secador de cabello para poder alisar un poco mis risos. Por último lo plancho, coloco mis rizadores de pelo y me voy a dormir. Las únicas veces que voy al salón de belleza, es para cortarme el cabello o antes de ir a un evento importante.

2. **Pinta tus propias Uñas:** ve a la tienda y busca distintos colores de esmalte de uñas y un kit de manicure. Hay una marca de esmalte que me encanta llamada Seche

Vite, es de muy buena calidad y mantiene el color de tus uñas intacto por varios días. Cuando tengo varios compromisos seguidos y sé que no voy a tener tiempo de pintar mis uñas y arreglarlas, voy al salón de belleza para asegurarme que durarán más tiempo pintadas.

3. **Encuentra buenas promociones:** soy una gran fan de buenas ofertas, si me dices que algo está en promoción y vale la pena hacer la inversión, entonces lo compro (claro, no siempre estoy gastando dinero, pero tú sabes a lo que me refiero). Intento no comprar nada a precio regular, porque me gusta revisar mis opciones para ver si puedo conseguir la misma calidad, por un precio más económico en algún otro lugar. Incluso con los precios que te di para los productos de cabello, estoy segura que podrás conseguirlos más económicos si buscar bien y comparas precios en distintas tiendas. Aquí están algunos tips que te pueden servir para ahorrar dinero:

   - Ebates: esencialmente, tú te suscribes aquí y luego buscas la página web de las tiendas donde piensas hacer tus compras, y recibes dinero solo por haber hecho todo esto a través de Ebates. ¡Maravilloso! Me inscribí la semana pasada, y ya tengo $30 en mi cuenta por haber comprado algunas cosas que necesitaba para nuestra casa nueva. Luego de varias semanas, ellos te envían un cheque.

- Livingsocial.com, Groupon.com y 1SaleADay.com: estas son todos maravillosos sitios web donde puedes conseguir promociones en todo tipo de cosas; desde joyas hasta tratamientos de spa. Solo asegúrate de verificar esas promociones diariamente, porque tienden a expirar.

- Escuelas locales de Cosmetología: si de verdad quieres consentirte y no quieres gastar mucho dinero, esta es la mejor manera de ahorrar. Podrás conseguir todos estos tratamientos de belleza que serán hechos de manera profesional, pero solo tendrás que pagar la mitad del precio. El otro día, pude hacerme un tratamiento facial con oxígeno por solo $25; y estos cuestan regularmente $150.

- Overstock.com: ellos tienen un programa donde pagas $9.99 al año, no obstante, lo conseguí gratuito gracias a un especial que tenían en el momento. Cada vez que compro algo utilizando Ebates y luego desde ahí, ingreso en Overstock.com, logro conseguir dinero que me servirá en futuras compras. Nos resultó muy conveniente, puesto a que nos mudamos a un lugar más grande para la llegada de nuestro bebe y todo ese dinero que me regresaron, lo utilicé para cubrir otras cosas que tenía que comprar.

- Tiendas de segunda mano, o tiendas de antigüedades: pensar utilizar ropa que alguien utilizó antes que tú, puede resultarte extraño, pero honestamente no lo es. Solo llévalo a tu casa y lávalo antes de usarlo, además, si buscas bien en esas tiendas, te darás cuenta que incluso, puedes conseguir ropa que todavía tiene la etiqueta de compra. ¡Ahorrarás mucho dinero! Trae a una amiga contigo y encuentra "diamantes en crudo". Lo mismo con Ebay.com, asegúrate que el vendedor tenga buenos comentarios antes de comprar sus productos, pero esta es muy buena opción también.

4. **Maquillaje**: tal vez no utilizas maquillaje, ni siquiera sabes por dónde empezar a aplicarlo en tu cara. Te diré, el maquillaje ha sido mi mejor amigo durante el embarazo, gracias a esas hormonas lindas que te afectan. No te estoy forzando a utilizar maquillaje, pero te lo recomiendo un 100%, así sea aplicar un poquito debajo de tus ojos, luego de una noche sin descanso, tal vez algo de rímel y lápiz labial. Yo honestamente me veo como la corona de mi esposo (*Proverbios 12:4*) y es importante que me vea bien para él. Claro, asegúrate que no solo te veas bien para él, sino que tu actitud compagine con tu look hermoso. El verso que mencioné antes del anterior, habla de las esposas ingratas, así que no puedes pretender ponerte maquillaje para cubrir tu fea actitud. Como te he dicho durante todo el libro, tu belleza interna es mucho más importante que

cualquiera de estos tips prácticos, por lo que te pido que te enfoques en Cristo, asegúrate que tu ser interno sea hermoso, luego ponte lápiz labial y ¡listo!

Si te puedo ser sincera, antes de casarme yo quería verme bien siempre, pero para MI propio disfrute. Era importante para mi ejercitarme, comer saludable, aprender a cocinar platos saludables, vestirme en ropa acorde a mi cuerpo y verme presentable, mientras continuaba pasando mucho tiempo en la presencia de Dios y desarrollando mi relación con Él. Te diré la cruda verdad; es importante que te veas presentable en todo momento y crear un buen balance entre tu belleza interior y exterior. No es lo MÁS importante, pero si quieres un esposo o ya estás casada, es importante que continúes viéndote bien, no solo para tu esposo, sino también para TI.

Si caminas por la calle con rollos en tu cabeza cubiertos por una gorra, camisa y pantalones descurtidos y viejos; así seas internamente hermosa, tú exterior no compaginará con lo que verdaderamente eres. Los hombres son creaturas visuales e incluso ahora como esposa, cuando salimos a nuestras noches de cita, me aseguro vestirme como una muñeca para él. Al estar en mi casa (trabajo desde ahí), a él le encanta verme con mi cabello suelto y verme presentable. A los hombres les encanta caminar con una mujer hermosa. No seas terca y digas: "bueno yo soy hermosa en el interior, así que eso tendrá que ser suficiente para él y tendrá que aceptar la manera en cómo me veo"; hermana, esa es la manera correcta de pensar como

"Cristianos", pero sin importar como lo pongas, tu esposo quiere estar atraído a ti físicamente. Tú también quieres estar atraída a él físicamente ¿verdad?, se muy bien que no te casarías con un hombre, que te revolviera el estómago cada vez que lo vieras, sin importar que tan "buena persona" sea, ¿cierto?

Una vez estaba saliendo con un chico, del cual no estaba atraída físicamente, y pensé que me tendría que casar con él, por qué no conocía ningún otro hombre Cristiano. Yo pensaba: "Dios ¿acaso esta es mi única opción?" y luego Él me empezó a mostrar, que yo estaría atraída físicamente a mi futuro esposo.

Así que no empieces a ejercitarte para asegurarte de "conseguir a tu hombre", porqué ¿qué pasa si él no viene a ti como lo tenías planeado, y tú has estado ocupada perdiendo todo ese peso?, ¿saldrías a comer comida chatarra porque estás frustrada? Tu motivación principal de hacer cualquier cosa, debe ser para la gloria de Dios. Recuerda que primero estás casada con Cristo (*Isaías 54:5*), y para poder estar saludable y enfocada, debes tener energía y asegurarte de comer comida saludable. No puedes meterle a tu cuerpo cantidades grandes de mantequilla y azúcar por 20 años, y luego pedirle a Dios que te sane de todas las enfermedades que esto causó, cuando en realidad, Dios ha estado intentando decirte que debes comer saludable estos últimos años. Hermana, si no sabes cocinar o no sabes hacer ningún plato saludable, es tiempo que aprendas.

Yo solía comer mucha comida chatarra y dulces en el 2005, luego decidí ayunar por un mes e inadvertidamente, cambié todos mis hábitos alimenticios. Mi ayuno consistía en lo siguiente, lo hice para honrar a Dios y no para perder peso, ni siquiera sabía que perdería peso. Si vas a ayunar, asegúrate que es para unirte más a Cristo, para entrenar a tu carne a que se calle y no para perder peso.

Mi dieta o como yo lo llamo "Comer saludablemente", consistía de lo siguiente:

- Nada de comidas blancas (solo alimentos integrales como arroz integral, pan integral, quínoa)
- Nada de refrescos o sodas
- Nada de Dulces o Golosinas
- Nada de Carne
- Nada de Frituras
- Nada de Comida Chatarra
- Nada de Lácteos
- Nada de alimentos después de las 7pm

Después de haber hecho este ayuno por un mes, perdí 20 libras sin saber que iba a hacerlo; tenía más energía, me sentía mucho mejor y en ese momento, sabía que tenía que cambiar mis hábitos alimenticios. Desde ese día en adelante, busqué por Google y Yahoo recetas que fueran saludables. Dejé de comer comida chatarra y me entrené a mí misma a comer saludablemente. Sí, me entrené a mí misma. Debes entrenar a tus papilas gustativas, para que le empiecen a gustar ciertas comidas. Entrenas a tu cuerpo a que le encante la mantequilla y azúcar ¿cierto?, bueno, haz lo mismo con el aguacate y espárragos.

Actualmente soy vegetariana, y todo empezó mientras hacia la dieta de comida cruda por un mes y medio. Luego de hacer esa dieta, comí un pedacito de carne y me pareció asquerosa, le tomó a mi cuerpo mucho tiempo en digerirla, al punto donde sentía como mi cuerpo intentaba hacerlo. Desde ese entonces soy vegetariana, me impresiona saber cuánta comida sabrosa y llena de sabor he preparado. Estoy escribiendo un nuevo libro de recetas, que saldrá en el 2013, perfecto para aquellas personas que quieren recetas vegetarianas saludables y deliciosas, también para aquellas personas que quieren saber qué hacer, para mantenerse en forma mientras están embarazadas.

Siempre le pregunto a mi esposo de su parecer, en ciertos temas tales como, las vestimentas de las mujeres y hasta cómo piensan los hombres diariamente. Ambos estamos bendecidos de poder trabajar desde nuestro hogar y viajar por el mundo predicando la Palabra de Dios, así que he tenido la oportunidad de pasar mucho tiempo con él, conociendo su manera de pensar, al igual que la de los hombres en general. Compartiré un secreto contigo hermana y seré completamente honesta. Tu esposo te ama, está loco por ti, pero uno de sus miedos, es que aumentes mucho peso, mientras estás embarazada o en general, sin poder perder ese peso de exceso.

Cuando mi esposo me dijo eso, pensé a mí misma "No hay manera que esto sea verdad", así que después de eso, con mi esposo presente, le pregunté a todos sus amigos casados si esto era verdad, a lo que sonriendo me decían lo mismo que él me había dicho. Ten en cuenta que estos son hombres de bien y entregados a Cristo, que están completamente enamorados y comprometidos con sus esposas, pero ¿adivina que querida? Tu esposo quiere verte saludable. Así peses 150, 200 o 250 libras, si ese es tu peso saludable según tu estatura y edad, entonces ¡maravilloso!, no estoy aquí para decirte que toda mujer debe ser talla 0, así que por favor, no tomes lo que te estoy diciendo fuera de contexto y me envíes cartas de reclamo, solo quiero motivarte a mantenerte saludable y fuerte, para que puedas vivir una vida plena, teniendo la energía necesaria, para cumplir con la misión que Dios te encomendó.

Si le preguntas a tu esposo y él te dice "mi amor, te amo tal como eres", estoy segura que si te ama tal y como eres, no obstante, si has aumentado mucho de peso después de haberte casado, secretamente desea que te importe tu apariencia personal, de la misma manera que te importaba cuando estabas soltera. No te estoy diciendo estas cosas para lastimarte o para hacerte sentir mal contigo misma, te estoy motivando a ser saludable, para que no dejes esta tierra temprano, por un ataque al corazón o enfermedades, debido a la falta de atención a tu salud.

Esto va más allá a solo verte linda para tu esposo, o ser soltera y verte bien, esto es para que tu tengas la energía de cumplir con la voluntad que Dios tiene para con tu vida y no te falte el oxígeno mientras intentes hacerlo. El internet es tu amigo, en él, hay tantas ideas para decirte que ropa luce mejor en tu tipo de cuerpo, como arreglar tu pelo o hacer tu maquillaje y cualquier otra cosa adicional que necesites, para mejorar tu apariencia.

Hermana quiero que sepas que te apoyo y te entiendo, sé que no siempre es fácil levantarte y vestirte para impresionar a tu esposo. Como soltera, sé que no es fácil ir a hacer ejercicio después de un largo día de trabajo. Te entiendo. Así que utiliza los recursos que tienes, y empieza a hacer tus mejores esfuerzos en estas áreas.

¡Veámonos tan lindas en el exterior, como lo somos en el interior!

13
ACTOS DE BALANCE

Como mujer, entiendo cómo podemos ser empujadas en muchas direcciones. Cada minuto de mi día, está lleno de responsabilidades por cumplir.

Primero soy una esposa, ya eso es un trabajo *tiempo completo*; todo lo demás (sin incluir mi tiempo con Dios), viene después de mi esposo, en cuanto a prioridad. Incluso así, tengo que asegurarme de organizar bien mi tiempo, para trabajar acorde al horario de mi esposo; déjame explicarte, mi esposo es mi prioridad en este mundo, luego del Espíritu Santo, que es quien me guía en todo momento.

Antes como soltera, podía levantarme y pasar 5 a 6 horas a los pies de Dios sin preocuparme, puesto a que no tenía responsabilidades. Ahora como esposa, debo levantarme un poquito más temprano, porque sé que mi esposo tendrá hambre al despertar y quiero asegurarme que él tenga que comer. Él no me "presiona" a hacerlo, yo lo hago porque sé, que él se siente apreciado por mí, cuando le cocino. Sin embargo, todos mis demás proyectos pueden ser cancelados, pospuestos o darles más prioridad, cuando mi esposo me lo indique. Estoy muy agradecida de no haberme casado con un *insensible hombre controlador*. Me casé con un hombre justo y bondadoso.

Cuando funde "Pinky Promise", mi esposo y yo tuvimos una discusión muy fuerte sobre mi horario; él me dijo que yo estaba **casada** con "Pinky Promise" y yo pensé: "¿QUE?". Él me dijo que yo pasaba todo mi tiempo respondiendo correos electrónicos, rezando con las chicas, haciendo brazaletes y trabajando en mi plan de negocio; ya no me aseguraba que él tuviese su comida lista, ni le prestaba atención; en la noche, yo trabajaba hasta las 3am. Así que el poco tiempo que teníamos para hablar el uno con el otro, estaba siendo utilizado para trabajar.

A pesar que todas esas cosas tenían un buen fin, no eran buenas si Cornelius estaba siendo descuidado, Dios se aseguró en decirme que tenía que volver a colocar a mi esposo, en su lugar de prioridad (primero Dios, segundo mi esposo).

Mi esposo no es un hombre con muchas necesidades, ni consentido, **lo único que quería era poder desayunar conmigo en las mañanas;** me cayó como una tonelada de ladrillos, saber que *tenía que aprender a priorizar*. Si mi ministerio y mis organizaciones desaparecieran en este momento, ¿Qué me quedaría? Mi familia, y Cornelius es mi familia. Él y yo somos los primeros miembros de nuestra familia, por lo que necesito asegurarme que estoy siendo una esposa amorosa. Tengo que ser honesta, soy una mujer de negocios, no estoy diciendo que ser ama de casa es malo, por lo contrario, siento que es un don; sé que no es fácil serlo, pero también sé que El Señor no me llamó a eso solamente; tal vez es por eso, que las responsabilidades de "ama de casa" no vienen naturalmente en mí, sin embargo contratar a personas para que me ayuden a cumplir esas responsabilidades, si se me hace más fácil. Lo veo como si yo estuviese creando un plan de acción, puesto a que les indico que hacer y cómo ayudarme, eso para mí tiene más sentido y se me hace más natural.

Para mí, cocinar varias veces a la semana está bien, quiero asegurarme que mi esposo se alimente bien y sanamente, pero cuando se trata de la limpieza, tuve que contratar a alguien para que me ayudara. El lenguaje de amor de mi esposo es "actos de servicio", lo cual significa que él se siente más amado cuando le cocino, limpio o hago cosas por él; esto fue un gran ajuste en mí, porque yo quería poder involucrarme más a fondo en mi organización y enfocarme solo en eso.

"Pinky Promise" es la organización que fundé con el fin de recordarle a las mujeres, cuál es su valor y su importancia. Me encanta mi fundación, con ella las mujeres prometen honrar a Dios con su vida y su cuerpo. Fue creada cuando comencé a vender brazaletes "Pinky Promise", pero poco después, me di cuenta que eso no sería suficiente para motivarlas a no ser infieles a sus esposos, no tener relaciones sexuales fuera del matrimonio o a dejar de ver tanta basura en la televisión que contamina sus corazones; *necesitaba involucrarlas*, así que comencé una red por internet que ha crecido a miles de grupos en todo el mundo, incluyendo USA, África y Londres. Hagamos una pausa y veamos todo el trabajo que implica tener una tienda "Pinky Promise": hay órdenes nuevas, cambios de direcciones, artículos perdidos en el correo, artículos que han llegado a las direcciones pero fueron robados, gente que quiere donaciones o quieren órdenes masivas, artículos enviados a direcciones incorrectas, la lista sigue y sigue.

Hay un aspecto de servicio al cliente muy grande que la gente no entiende. Cuando vendes miles y miles de productos, hay veces que tendrás problemas, además, estoy trabajando con varios proveedores y todos nuestros brazaletes son hechos a mano. Contraté un equipo en Michigan, que se encarga de hacer los brazaletes, yo también los hago desde mi casa con la ayuda de dos pasantes que tengo conmigo. De nuevo, esto lleva mucho trabajo; tenemos que asegurarnos de conseguir buenos proveedores, conseguir más tiendas que vendan nuestros productos, conseguir mejores partes para nuestros brazaletes, y buscar alternativas, al darnos cuenta que nuestro material no llegara por dos semanas; sin mencionar que nuestro proveedor de camisas, me dice que no podrá producir más de ellas por una semana, haciendo que mi equipo en Michigan se esté quedando sin suplementos para trabajar, pero teniendo en cuenta que aun así, tendrán que recibir un cheque de pago mensual. Con esta organización, constantemente estoy buscando productos nuevos y divertidos, para que a través de ellos, podamos recordarle a la mujer cuánto vale, así que ¡SI, ES DEMASIADO TRABAJO!

En medio de todo eso, decidí empezar una red de "Pinky Promise", porque como lo mencioné anteriormente, quería involucrar a más mujeres en este movimiento, y ellas a su vez involucrarían a sus comunidades, mientras se apoyan las unas a las otras. Al hacer esto, estas mismas mujeres, crearon sus propios grupos, por lo que necesitaron una especie de manual que las ayudarán a motivar a todas las jóvenes, a unirse a estos grupos. Le pedí a Dios que me ayudara a crear un paquete, donde pudiera incluir puntos de referencia de donde las nuevas líderes se pudieran guiar, así que con su ayuda, creé currículos que ayudaron a esas mujeres; luego hablaba con ellas una vez al mes, para traer nuevas ideas a nuestros grupos. Reconocí que era mucho trabajo, gracias a Dios, ya tengo alguien que me ayuda en este aspecto.

También estoy planeando la convención anual de "Pinky Promise", escribiendo este libro, viajando 50% de cada mes a predicar en diferentes lugares y muchas otras responsabilidades. No me estoy quejando, solo estoy compartiendo esto contigo, para que te des cuenta, que todos tenemos la habilidad de hacer, lo que Dios nos instruye. Anexo a todo esto, tengo miles y miles de mujeres enviándome correos electrónicos, llamándome y pidiéndome consejos, oraciones y palabras de motivación; por lo que hago todo lo posible de responder la mayor cantidad de correspondencia, aunque lamentablemente, no cuento con mucho tiempo para responderle a todos.

Para ayudar a bajar los niveles de estrés, me aseguro de ejercitarme por lo menos 3 veces a la semana, a mi esposo le encanta ver como cuido mi apariencia personal y mi salud integral. Lo más importante, debo asegurarme de compartir tiempo con Dios todos los días, porque de no ser así, mi mundo se derrumbaría y sentiría, que no puedo con toda esta responsabilidad.

Me imagino que ahora entenderás porque mi esposo se sintió abandonado. Me sentía tan empujada, tan abrumada, tanto que un día simplemente llore sin cesar. Tenía varios días funcionando con solo 4 horas de descanso al día, estaba en medio de un proyecto muy importante, tenía que estar pendiente de las órdenes en "Pinky Promise", así como también, tenía que asegurarme de mantenerme en contacto con mi familia y amigos; físicamente no podía hacerlo todo. *Estaba muy cansada.*

En ese momento me aparté de todo y le pedí a Dios que me ayudara. Tenía tantas ansias de ser esta súper mujer, pero al serlo, había puesto a mi esposo en el fondo de mis prioridades, y mis ambiciones estaban de numero 1. De vez en cuando cocinaba, mi casa estaba hecha un desastre, YO ESTABA HECHA UN DESASTRE. A veces me arreglaba mientras estaba en mi casa, otros días usaba pantalones de yoga y ni una gota de maquillaje; no sentía que tenía tiempo ni para verme linda para mi esposo. Durante este tiempo, aprendí el verdadero valor de priorizar.

La gente siempre me pregunta: ¿Cómo lo haces todo? Bueno, dependo de la gracia de Dios las 24 horas del día, me aseguro que pasar tiempo con el Señor sea mi primera prioridad y luego mi esposo. Tuve que revisar todo mi horario, hacer cambios para asegurarme que todo estaba en su orden correcto de prioridad. ¿No entiendes que estar "ocupada" crea distracciones?, estás corriendo de aquí para allá y en realidad no estás logrando completar nada. Todo lo que de verdad importa, no está teniendo la atención que amerita. Nos ocupamos tanto en trabajar, para asegurarnos de cumplir con Jesús, nuestros niños y nuestras familias, que olvidamos la importancia de tener una relación íntima con cada uno de ellos también.

Tuve que detenerme y escuchar a mi esposo atentamente, cada vez que él me decía hacer algo, yo dejaba a un lado lo que estaba haciendo y me aseguraba de cubrir la necesidad de mi esposo. Si sé que él va a tener hambre dentro de poco y en ese momento estoy acostada descansado, *me levanto y cumplo con mi responsabilidad de esposa primero y le sirvo, me casé con mi esposo, no con mi trabajo, ni mi ministerio.* Así que, cuando decidas casarte, asegúrate de entender que vas a tener que trabajar duro para hacer que tu matrimonio funcione, yo agradezco mucho haberme casado con un hombre tan comprensivo y amoroso como mi esposo, aunque sé que muy en su interior, a pesar que él sabe que estoy ocupada, espera tener su comida lista y más importante aún, yo quiero poder cubrir todas sus necesidades, porque lo amo y quiero demostrárselo de todas las maneras posibles.

Cuando estamos sobre-trabajadas y cansadas, lo más probable es que nos sentimos desalentadas; no sentimos que tenemos suficientes minutos en el día, para cubrir todo lo que tenemos que hacer. Cuando nos sentimos desalentadas, tal vez te llenes de pensamientos de tristeza y cada vez que esto ocurre, toda persona que entre en contacto contigo y aliente esos pensamientos, se unirá a ti y te mantendrá estancada en ese estado mental. Tal vez dirás: "trabajo tan fuertemente, ¿Por qué mi esposo no es el que cocina para mí? ¿Por qué es mi responsabilidad siempre empezar a limpiar?, trabajo fuerte ¿por qué no me puede comprar esto que tanto quiero?" cualquier pensamiento que tengas, solo te hará caer más profundo en tu sentimiento de tristeza.

Esa actitud me recuerda a la historia en el libro *1 Reyes 18*. Elías tuvo una GRAN victoria en su vida; el fuego bajo desde los cielos e hizo que ganara la pelea contra los profetas de Baal, ¡Que MARAVILLOSA fue esta victoria! Luego, Jezabel dijo que ella lo quería matar, haciendo que Elías corriera por su vida. Terminó corriendo en dirección a un desierto, y se escondió debajo de un árbol, llorando y preguntándole a Dios: "¿Ya no te importo? ¿Vas a dejar que muera aquí Señor?". ¿Cuántas veces notamos que gracias a Dios, tenemos grandes victorias en la vida; luego nos distraemos, nos cansamos y nos decepcionamos; incluso sentimos que Dios no está ya con nosotros y nos preguntamos dónde está? Él está **en el mismo lugar donde siempre ha estado,** justo a tu lado. Llegará un momento donde debes dejar de quejarte, y enfrentar esas emociones tontas que te atormentan e intentan controlar tu vida. Hermana, no tienes porque "entregarte" a todo aquello que tus emociones te indican.

La próxima vez que las distracciones y las decepciones intenten entrar en tu vida, lucha para expulsarlas. Si sigues leyendo el libro *1 Reyes 19*, verás como Dios envió a un ángel a alimentar y a proteger a Elías, en medio de su frustración. Entiendo que tendrás días donde te sentirás sobre-saturada, sentirás que tienes mucho trabajo por delante, o estarás cansada, estresada y fuera de balance; ahí es cuando necesitas correr a los pies de Jesús; en sus pies, encontrarás una gran felicidad y paz inimaginable. Recuerda, todo aquello en lo que constantemente piensas, se convierte en tu "ídolo"; tus hijos, esposo e incluso tu trabajo puede convertirse en tu "ídolo". Le sirvo a mi esposo por el AMOR que le tengo a Cristo, y sin quitar la mirada de Dios, me aseguro de proveerle a mi esposo todo lo que él necesita.

Cuando tu mirada está enfocada en Cristo, Él te dará energía para ejercitarte, responder a correos electrónicos, rezar por otras mujeres, cumplir tus sueños, empezar tu fundación, escribir un libro, blog, cocinar, limpiar e incluso, te dará la habilidad de cumplir con todo esto, mientras aún tienes tiempo privado para ti misma. Es momento en que empieces a depender de la gracia de Dios diariamente, cuando le quitas la mirada a todas estas cosas mundanas, empezarás a ver cuáles son las cosas que de verdad importan.

Quería compartir algunos "tips" que utilizo para ayudar a liberar el estrés del diario vivir y así refrescar mi día:

1. **Pasar tiempo con Dios**: en serio, pasar tiempo con Él te dará energía FÍSICA. Dejemos de buscar otras alternativas.

2. **Pasar tiempo con amigos:** Me ENCANTA pasar tiempo con mis amigas. Siempre planeamos viajes anuales, entre tanto, hacemos otras actividades donde todas compartimos días placenteros. Sé que con la misión que Dios puso en mi vida, debo mantenerme motivada y refrescada. Pasar tiempo con ellas riendo y compartiendo, es vital para mí.

3. **Tiempo privado para mí:** salgo de compras, al spa, a ver ropa en tiendas o al parque a leer un libro. Pasar tiempo conmigo misma, me ayuda a liberar mi mente de cualquier ocupación.

4. **Juego a vestirme como modelo**: ok, sé que suena extraño, pero me encanta jugar con la ropa que tengo en mi closet. Me pongo diferentes atuendos y creo atuendos nuevos. Incluso; cuando tengo proyectos difíciles por cumplir, voy a mi closet un momento a jugar con mi ropa, como para despejar mi mente, luego regreso a mi actividad previa.

5. **Tomar un momento para contarle todo a Dios y entregarle todas nuestras preocupaciones:** yo soy muy honesta con Dios. Le digo sin censura cuáles son mis debilidades y cuáles son mis fortalezas, porque Él ya lo sabe. Me aseguro de dar más énfasis en todas aquellas áreas en mi vida que necesitan asistencia, porque quiero que Él me ayude a ser mejor y me cambie a su gusto; sin embargo me he dado cuenta, que Él sabe cómo mostrarme estas áreas débiles en mi vida, de mejor manera. El libro de *Salmos 62*, muestra un ejemplo maravilloso donde David, le entregaba a diario su corazón a Dios. ¡Que hermoso!

6. **Tengo sesiones de porrista:** si, escuchaste bien; estas sesiones existen entre el Espíritu Santo y yo. Yo me animo, me motivo y le digo a mis emociones que se callen y que todas obedezcan a Dios. Créeme, lo menos que hago, es hacer lo que mis "emociones" me dicten que hacer.

7. **Me alejo de todo:** al hacer esto, le pido a Dios que me ayude a mantener mis ojos fijos en el Cielo y en Sus perspectivas, no en las mías.

8. **Salgo a correr:** ejercitarme ayuda a liberar mi mente de todas las preocupaciones, además que es maravilloso para el cuerpo.

9. **Lloro:** no soy una "llorona", pero a veces tengo que sacar de mi sistema, toda tristeza y preocupación y recordar que siempre confiaré en Dios.

10. **Paso tiempo con mi Esposo fuera de nuestra casa:** salimos a comer helados, a cenar o a hacer cualquier cosa que nos ayude a salir de nuestras cuatro paredes.

Quiero recordarte que está bien decirle "no" a las personas. El mundo no se acabará si no puedes ayudar a alguien con un proyecto. No dejes que la gente ponga una tonelada de presión en tu vida y te motiven a hacer cosas, que no te traigan paz. Esta no es una excusa para no trabajar en tu trabajo actual; pero si tu plato ya está lleno y una compañera de trabajo te está diciendo que hagas su trabajo a riesgo de perder el tuyo, deberías decirle que no. En ocasiones, tengo que decirle "no" a personas que solo quieren agotarme y desenfocarme.

Por ejemplo, yo no tomo llamadas personales. En ocasiones, hay mujeres que a través de los medios sociales, me contactan para que las llame y rece con ellas. De verdad quiero poder hacerlo, pero si llamara a todas esas mujeres que me contactan, estaría desbalanceada y agotada de nuevo. Adoro a todas mis hermanas en Cristo que me contactan y rezo diariamente por todas ellas; pero mi esposo y otras prioridades DEBEN estar de primeros.

Otra razón por la cual empecé los grupos de "Pinky Promise", es porque sabía que con esto, más damas tendrían la posibilidad de contactar a distintas personas que pudieran ayudarlas, motivarlas y rezar con ellas diariamente. No temas en eliminar personas de tu vida que te agotan y te quitan toda tu energía. Si te rodeas con gente que hace esto en tu vida, quiero que sepas, que te encontrarás muy cansada y abrumada, al tratar de complacerlas a todas, mantenerlas felices y de paso, cumplir con tus responsabilidades diarias. Entre otras cosas, eso subirá tu presión arterial y créeme, no vale la pena.

Una de las áreas en las que me enfoqué también, fue en eliminar amistades, donde yo no podía ser yo misma. Eso sonará un poco duro, pero no tengo tiempo de limitarme para poder complacer a todos. Por ejemplo, ¿tienes una amiga que automáticamente piensa que todo el mundo está en su contra, incluyéndote a ti? Constantemente te está llamando y acusándote de cosas en las que tú no tienes nada que ver; causando que te estreses. Te recomiendo que ores sin cesar por ella y que le preguntes a Dios, si esta es una amistad con la que Él quiere, que tú te involucres.

Relaciones negativas te agotarán, y causarán que te distraigas mientras intentas enfocarte en el llamado que Dios tiene en tu vida. Yo creo firmemente, que una buena amistad viene acompañada de un arduo trabajo, pero siempre digo, "por más trabajo que cueste, esto no incluye tener drama las 24 hrs del día". Debemos preguntarnos ¿Estas amistades, me están acercando a Dios, o me están alejando de Él?

14
EL TIEMPO DE DIOS

Hemos hablado de todo un poco; desde estar soltera, estar casada, encontrar satisfacción con tu situación actual, dejar de comparar tu vida con la de los demás, cuidar tu corazón; hasta incluso de encontrar buenas ofertas. Finalmente, hablemos del tiempo de Dios.

Alguna vez le has preguntado a Dios: "¿Cuándo será mi tiempo?", tal vez deseas casarte, tener hijos, crear tu propia organización o lo que sea que Dios te haya puesto en tu corazón, y a veces dudas si esto llegará a pasar.

Déjame asegurarte algo, no puedes controlar los planes que Dios tiene para ti, si lees *Eclesiastés 3:1*, dice: *"todo tiene su momento oportuno, hay un tiempo para todo lo que se hace bajo el cielo"*; si de verdad hay un tiempo para todo bajo el cielo, no hay manera en que hagas que el tiempo acelere, sin importar cuánto dinero tengas para comprar el tiempo, y sin importar cuantos recursos tengas, para desarrollar tus planes.

Yo no pude lograr que "Pinky Promise" comenzara a crecer, sino hasta que el Señor me indicó que era el momento correcto. Una vez que ÉL aprobó el proceso, envió a muchas personas, para que me ayudaran a que esta organización creciera y se convirtiera en lo que actualmente es.

Sin importar cuantas relaciones vacías tuve antes de conocer a mi esposo, no podía adelantar el tiempo a Enero del 2009, por más que yo lo quisiera. Debemos aprender a descansar en Dios y en su tiempo perfecto. Si estás esperando constantemente a que un evento tome lugar en tu vida para poder sentir que eres feliz, te sentirás decepcionada cuando este traiga consigo momentos duros y pruebas que aprobar; sin aprender la lección, seguirás esperando ese "siguiente momento" que te hará feliz, en vez de apreciar el AHORA que Dios te está brindando y que a su vez, trae consigo, cambios positivos en tu corazón.

¿Entiendes cuando te digo que Dios te está preparando para que cumplas con tu propósito?, el Señor me dijo en el 2003 cuál sería mi propósito de vida; pero no vi los frutos sino hasta el 2012, que fue cuando empecé a viajar por el mundo, predicando y compartiendo las Sagradas Escrituras. Hubo 9 años de preparación en mi trayecto, tuve que pasar por varias situaciones laborales y temporadas donde yo sentía que Dios, se había olvidado de mí. No cambiaria esos años por nada; en un futuro te darás cuenta como esos años de preparación, serán años muy preciados para ti.

Durante esos años, una hermosa base fue construida en mi vida, donde aprendí a depender y confiar solamente en Dios. Yo tomaba su palabra y ponía mi confianza absoluta en ella, mas no, en aquellas cosas que podía ver en frente de mí. ¿No entiendes, que para Dios es muy fácil darte todas esas cosas que deseas con tantas ansias?, el problema es que deseas más esas cosas que Él te puede dar y no a Él. Quieres las manos de Dios, pero Él te quiere mostrar, que necesitas más de su corazón. Crees que necesitas esto o aquello, pero no entiendes que tus vacíos, son mucho más profundos que esos objetos materiales, ¿no crees hermana?; déjame decirte, ningún hombre puede alcanzar tales profundidades y sacar de tu corazón toda esa basura que has acumulado al pasar de los años, ni siquiera tu limitado esposo. Dios utilizará a tu esposo, para que te ayude a sanar las cosas más superficiales, mientras que Dios se asegurará, de sanar el resto y renovar tu corazón.

Si estás soltera y te preguntas: ¿Dios, dónde está mi esposo? Quisiera mostrarte donde está. Él está en *Génesis 2:18* *"No es bueno que el hombre este solo. Voy a hacerle una ayuda adecuada"*. Tú eres una ayuda, Dios ha puesto en ti muchos atributos preciosos, para que ayudes a tu pareja a lograr todo lo que el Señor lo ha llamado a hacer; eso no significa que no puedes tener una carrera profesional o una vida propia. Yo tengo mi propia Firma de Consultoría y también predico la Palabra de Dios a tiempo completo. La Sagrada Escritura anteriormente mencionada, no dice que el Señor creará un líder para tu esposo, sino más bien, que crearía a una ayudante para él; así que asegurémonos siempre, de dejar que nuestro esposo sea quien nos guie.

Adán les dio nombre a todos los animales y un propósito a todo lo que le rodeaba. (*Génesis 19 y 20*). A cada uno le dio un nombre específico, con un propósito específico. Esto significa que *si estás en una relación que no tiene un propósito consigo, tal vez, no deberías ni siquiera estar involucrada en ella.* El verso 21, 22, 23 y 24 del Libro de Génesis dice *"Entonces Dios el Señor, hizo que el hombre cayera en un sueño profundo y mientras este dormía, le sacó una costilla y le cerró la herida. De la costilla que le había quitado al hombre, Dios el Señor hizo una mujer y se la presentó al hombre, el cual exclamó: "Esta es huesos de mis huesos y carne de mi carne. Se llamará "mujer" porque del hombre fue sacada". Por eso el hombre, dejará a su padre y a su madre, se unirá a su mujer y los dos se fundirán en un solo ser."*

Como verás, en esta escritura no se menciona nada donde implica que Eva se esforzó para llamar la atención de Adán. No tuvo que caminar de manera seductiva, caminar casi desnuda delante de él, acostarse con él o decirle que "ÉL iba a ser su esposo", entre otras cosas. Dios primero se encargó de prepararla a ella, cuando sintió que ella estaba lista, Dios se la presentó perfectamente a Adán y ¿Adivina qué? ADÁN la reconoció. Él no estaba confundido acerca de ella, él SABIA que Eva era su esposa, no había duda al respecto. Así que corre lejos del hombre que está confundido, por no saber con quién estar. Recuerda, **tú no eres la opción de nadie.** TU Adán TE RECONOCERÁ rápidamente y tomará acción para asegurarse que estés con él, porque él vera fácilmente cuanto vales y lo maravillosa que eres. Él no se atrevería a hacer nada que lastime la relación, porque no te quiere perder y mucho menos, que te vayas con otro "Adán". Ahora que vemos todo esto, quiero que dejes de correr y tratar de despertar a tu Adán. DEJA DE HACER que note tu cuerpo, caderas y piernas, enfócate en pasar tiempo con Cristo y dejando que Él, desarrolle esa hermosa belleza interna en ti.

Tal vez te encuentras en una situación donde sientes que ningún hombre habla contigo, pero créeme, esto es mejor que tener a 50 millones de hombres tocando tu puerta, puesto a que esto causa mucha distracción.

En medio de tantos hombres comunes y casuales, sabía que Dios tenía al hombre ideal para mí. Por supuesto, pude haberme casado con cualquier persona que había entrado anteriormente en mi vida; pero yo sabía que había uno solo en particular, con quien yo podría viajar por el mundo y compartir la Palabra de Dios. Tenía estándares muy altos, sabía que no podía casarme con cualquier persona que se asomara a mi camino.

Quiero motivarte hermana; Satanás está viendo muy cerca tu manera de pensar. Él quiere que pienses que serás como las otras chicas y estarás soltera por el resto de tu vida. Él quiere que pienses que nunca te podrás casar. Él quiere que pienses que vas a ser muy mayor como para tener hijos; que creas sus mentiras. Si crees sus mentiras, estarás muy distraída como para cumplir con lo que Dios impuso en tu vida. Atenderás los servicios religiosos, pero *muy dentro de tu corazón, te sentirás lastimada y te frustrarás*. Quiero motivarte a tener alegría ¡en este momento!, sin importar por cual estación o temporada de tu vida estés. Algunas de ustedes pensarán que es "fácil" para mí decir eso porque ya estoy casada, pero la fecha ideal que Dios tenía para mi boda fue el 14 de Agosto del 2010, antes de eso, pase 27 años en los que estaba soltera.

Entiendo por lo que estás pasando, porque yo también pase por lo mismo. Tienes una fecha de boda, que ya había sido predispuesta por Cristo y no hay nada que puedas hacer en estos momentos, para hacer que esa fecha se acerque. Estar enojada con Dios y todo aquel a tu alrededor que se está casando, no ayudará a que tu tiempo venga más rápido. Esto también va dirigido para todas las esposas. Quizás sentirás que tu "Adán" o tu esposo está dormido cuando se trata de varias decisiones en su vida, o que no está logrando ver tu punto de vista, ¿ves la tendencia?, Dios es quien despertará a nuestros "Adanes" y los guiará, ¡nosotras no!

No puedes apresurar el Tiempo perfecto de Dios, en todas aquellas cosas que se relacionan a tu vida. No puedes forzar a tu esposo a entender ciertas cosas; llega un momento en tu vida donde debes descansar. Si estás tratando salir embarazada, quiero que entiendas que Dios es el que abre nuestros vientres y ubica a los hijos en nuestras vidas, como una asignatura. No olvides que DIOS TE AMA, se preocupa por ti, no te ha olvidado. Tu Adán despertará en el tiempo perfecto, pero no puedes permitir que este sea tu único enfoque. Las cosas se darán, cuando la voluntad de Dios así lo indique.

Finalmente, aleja tu vista de aquello que tú crees que él "debe hacer", pídele a Dios que invada tu corazón y lo transforme, hasta que respire la esencia de Cristo. Si alimentas tu corazón con fe, te aseguras de verdaderamente creer y confiar en Dios en todo momento; SU tiempo perfecto y tu confianza en Él, ayudarán a que empieces a disfrutar tu vida y sientas alegría en el ahora. Pero si llenas tus pensamientos de canciones de amor tristes o en estar obsesionada con lo que tu ex y su nueva novia están haciendo en Facebook, vas a tener una vida llena de decepciones y de malas energías.

Mantén tus ojos en tu jardín, asegúrate de regarlo con agua todos los días, mantenlo limpio y bonito, por dentro y por fuera. Pasa varias pruebas, deja de ser tan emocional, rodéate de mujeres positivas, deja de ir a los clubes a conseguir hombres, de tener relaciones sexuales con otro que no sea tu esposo y de quejarte sobre tu "tiempo". Cuando tu corazón deje de estar preocupado por el Tiempo de Dios y empiece más bien a confiar en Él ciegamente, nunca más cuestionarás o temerás al futuro. En vez de eso, estarás emocionada por el futuro, porque la vida ya no se tratará de ti, sino más bien, de la acción de Cristo en ti.

SOBRE LA AUTORA

Fundadora de "Pinky Promise," una organización que promueve honrar a Dios con tu vida y cuerpo, bien sea como casada o soltera. Fue fundada en Enero del 2012 y ha crecido a más de 10,000 mujeres haciendo esta promesa de honrar a Dios con sus vidas. La fundadora Heather, motiva a las adolescentes, jóvenes adultas y mujeres, a liberarse de las presiones culturales actuales y permanecer determinadas a vivir en Cristo, sin importar las circunstancias. Presenciando situaciones que las mujeres en generaciones anteriores no podían imaginar, estas damas reciben charlas directas de Heather, que las ayudan a identificar cuando decirle si o no, a la sociedad actual.

Una nativa de Michigan, Heather fue la décima de 23 hijos adoptivos. Criada en un hogar donde vivían sus hermanos y hermanas de diferentes nacionalidades, ella aprendió lecciones tempranas sobre la diversidad, aplicando estas lecciones en sus presentaciones dinámicas al público. Después de haberse graduado de Michigan State University; se mudó a Nueva York, donde trabajó en la industria de la música y fue animadora de televisión en el show TRL de MTV, con el único propósito de compartir a Cristo en los lugares más oscuros de la sociedad.

Actualmente, Heather y su esposo Cornelius, viven en Atlanta, GA; donde han establecido un Ministerio Evangelístico llamado "The Gathering Oasis," con el cual viajan y predican alrededor del mundo. En Enero del 2013, se funda la Iglesia "The Gathering Oasis" en Atlanta, GA.

www.heatherllindsey.com

Made in the USA
Charleston, SC
08 August 2014